踊る熊たち

冷戦後の体制転換にもがく人々

TAŃCZĄCE NIEDŹWIEDZIE

Witold Szabłowski

ヴィトルト・シャブウォフスキ　芝田文乃 訳

白水社

踊る熊たち　冷戦後の体制転換にもがく人々

カバー写真　Bruce Dale
口絵写真　Albin Biblom

踊る熊たち　目次

第二部

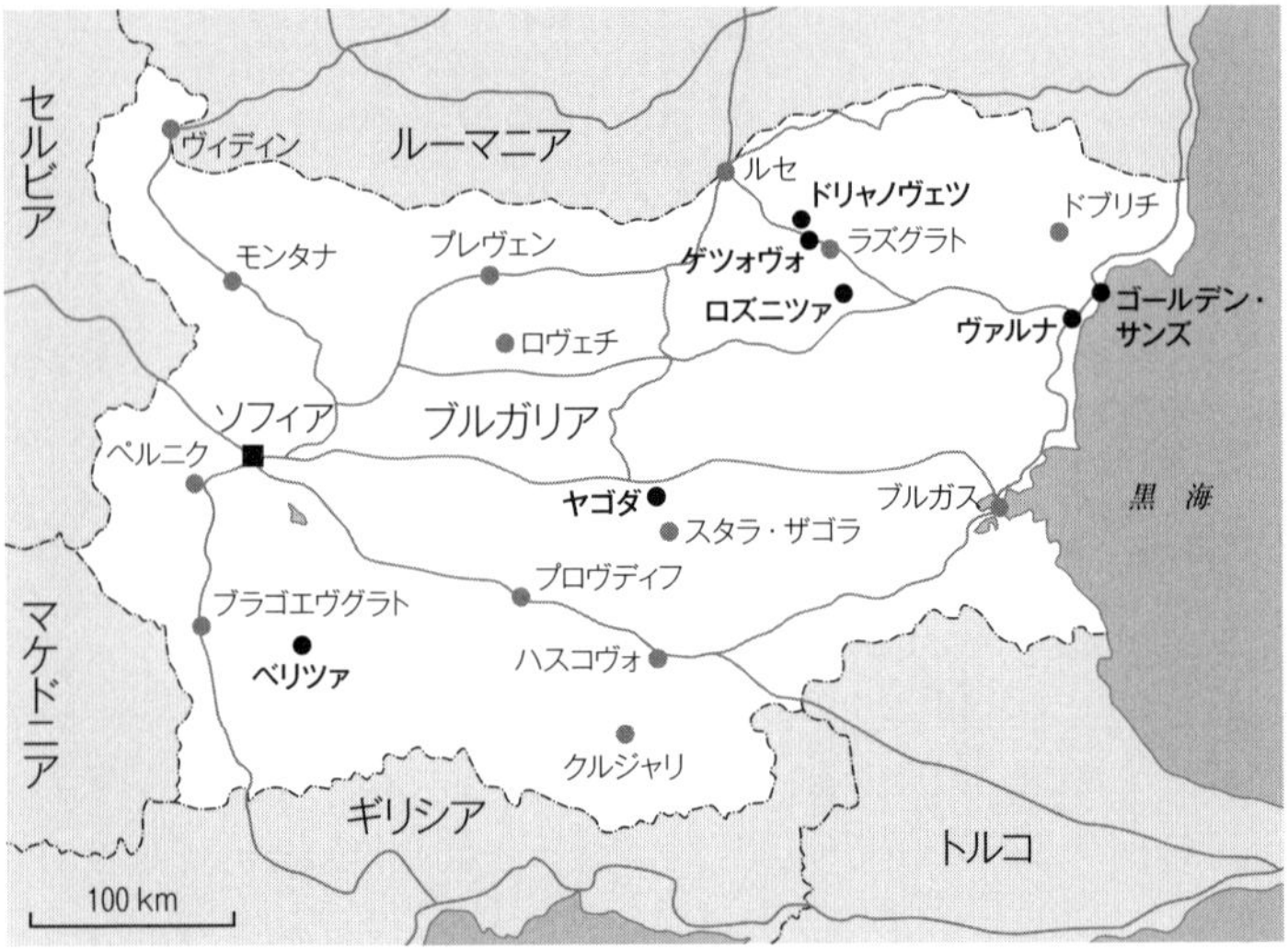

との闘いのなかで〈ホビット村〉を設立した。村民はトールキンの登場人物に扮して、子供たちに野外ゲームへの参加を勧める。

ティラナ：ここからエンヴェル・ホッジャが国を支配していた。今日もここで彼の娘と娘婿が設計したピラミッド型のホッジャの霊廟が睨みをきかせている。

ベリツァ：この町に十二ヘクタールの〈踊る熊〉園があり、そこで熊たちは野生での生活を学ぶ。

ドリャノヴェツ：ゲオルギとステファンのマリノフ兄弟の出身地。ゲオルギは雌熊のヴェラと共に黒海沿岸や教区祭を旅して回った。ステファンは非常に難しい、熊とのレスリングの専門家だった。

ゲツォヴォ：ここで二〇〇七年にロマのスタネフ家からブルガリア最後の三頭の踊る熊、ミショ、スヴェトラ、ミマが取り上げられた。

ヤゴダ：ブルガリア北部の同業者より貧しいものの優れた熊使いで名高い町。ブルガリア人はよく、ヤゴダの住民のだれもが家で熊を飼っていると莫迦にしたように言ったものだ。

ロズニツァ：この村で生まれた同志ペンチョ・クバディンスキは、第二次世界大戦中、ロマの熊使いたちと共に身を隠していた。のちに最も著名なブルガリア共産党員のひとりとなり、トドル・ジフコフの盟友かつ協力者となった。

ソフィア：この国の首都では数年前まで路面電車や団地で、それどころか店先や宝くじ売り場でも熊使いを見ることができた。彼らはグスラを弾き、投げ銭を乞うた。

ヴァルナ、ゴールデン・サンズ：ブルガリアが欧州連合に加盟する以前、ほんの数年前まで最も人気のあったブルガリアのリゾート地。熊使いと熊がたくさんいた。

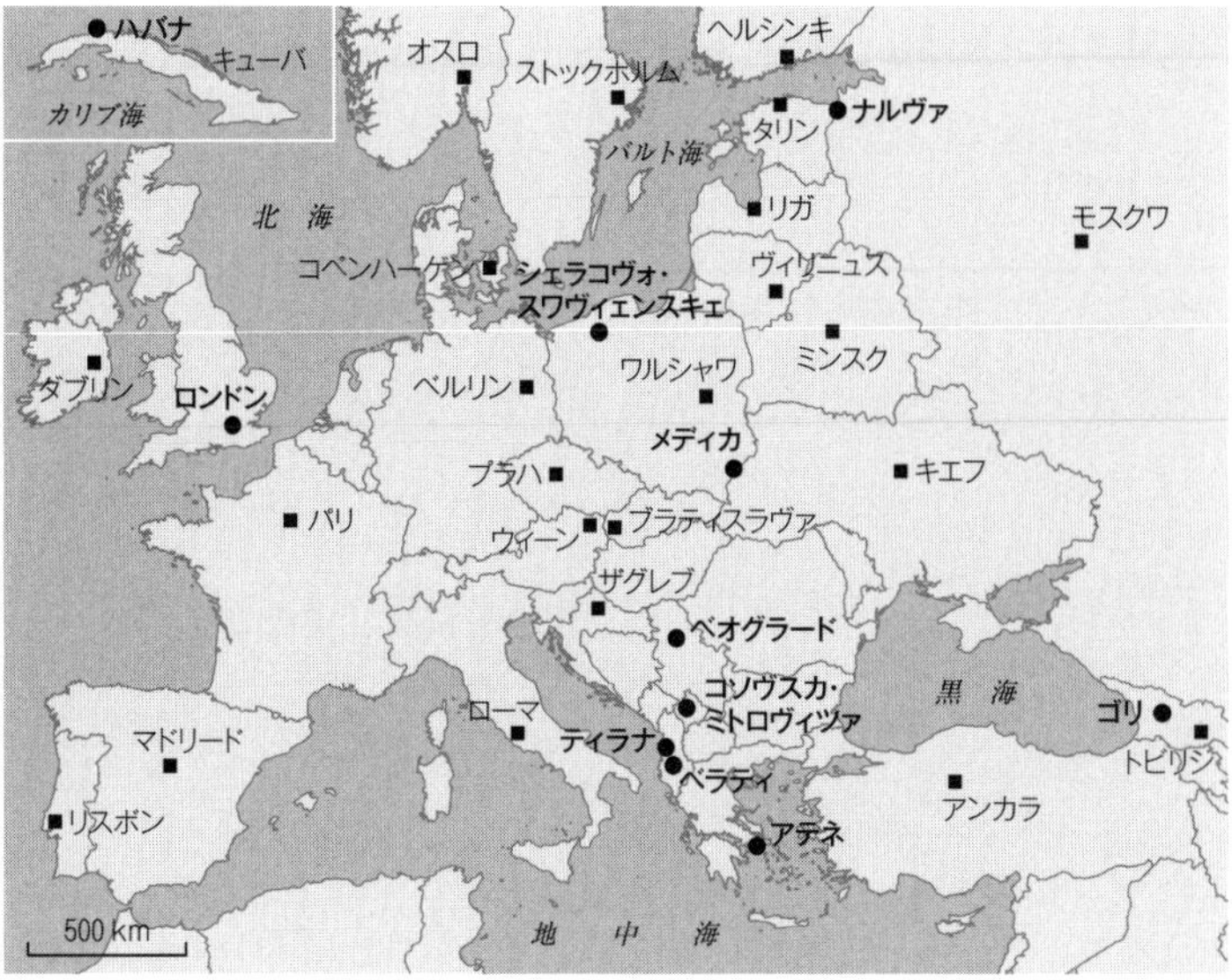

アテネ：毎日、何千人ものギリシャ人がここで、ついにこの国に最も優れた最も幸福な体制、共産主義が訪れることを夢見る。

ベオグラード：長年、自然療法医を装って、戦犯ラドヴァン・カラジッチがここに隠れていた。

ベラティ：ここで建設労働者ジョニが、エンヴェル・ホッジャによって建設された掩蔽壕を打ち壊す。

ゴリ：スターリンの生家では大元帥のデスマスクを彼の巫女たちが見守っている。

ハバナ：何千人ものキューバ人がフィデル・カストロの健康悪化の報を耳にして震えている。ある者は恐怖に震え、またある者は、変化の風がようやく自分たちの島にも吹きはじめるという興奮に震えている。

ロンドン：レディ・ペロンはここのヴィクトリア駅と長距離バス発着所との間に二ヘクタールを持っている。

コソヴスカ・ミトロヴィツァ：友人同士のフロレントとドゥシャンはここから、コソボに戻ってくるセルビア人たちに鶏を届けに出発する。

メディカ：ウクライナとの国境を越えて日々何千人もの〈蟻〉がポーランドにウォツカと煙草を持ち込んでいる。

ナルヴァ：エストニアに住むロシア系住民の首都。ここでは警察官すらエストニア語を知らない。

シェラコヴォ・スワヴィェンスキェ：このポスト国営農場の村の住民たちは、貧困

はじめに

1

髪をなびかせ狂った目をしたその男は、どこからともなく現れたわけではない。ここでは前から知られていた。彼は時折、ここの人々がどれほど偉大かを語り、みずからのルーツに戻るよう命じた。必要ならば、ありそうもない話とはいえ実に魅力的な陰謀論を挟み込んだ。宇宙人のこととか。注意を引くために。そして怖がらせるために。というのも、怖がらせると、自分の言うことをもっとよく聞くとわかったから。

　人々は彼の存在に慣れ、ときに大真面目な顔で本当に可笑しなことを言うのにも慣れた。ときに彼は政治生活の周辺をうろつき、ときに主流に近づくこともあったが、それはちょっとした珍事として扱われた。

　だがある日、人々は驚いて目をこすった。なぜなら、己の宇宙の黙示録を予言する、この髪をなびかせた男が、最高の賭け金で出馬したからだ。そしてまたもや、以前と同じく、少々怖がらせた——難民や戦争や宇宙人などで。実のところ怖がらせるものは何だってよかった。彼は国民のエゴを少々膨らませた。折を見て――いわゆるエリートの前では――少々笑い者になった。だが彼はたくさんの約束をした。何よりも、時間を巻き戻し、物事をかつてのようにすると約束した。つまり、もっと良くなると。

そして彼は勝った。

これがどこで起きたか、あなたがたはよくご存知でしょう？　はい。そのとおり。私たちのところです。ポスト共産主義の中・東欧。変革の地においてです。

2

変革の地とは、ソヴィエト連邦とその衛星国と呼ばれる火山が噴火して消滅する直前に、その火山から流れだしたマグマだ。つまりそれはもっと以前から存在していた。なにしろポーランド人、セルビア人、ハンガリー人やチェコ人というのは非常に古い民族なのだから。だが第二次世界大戦以降、ここで暮らす私たちは、スターリン、ルーズヴェルト、チャーチルがヤルタで結んだ協定によって凍えさせられていた。その協定が私たちを力《フォース》の暗黒面《ダークサイド》に置き去りにしたのだ。

ソ連の影響下にある地域に。

マグマの最初の波が流れはじめたのは、一九八九年六月四日、ポーランドで最初の（ほぼ）自由選挙が行われたときだ。

それからベルリンの壁が崩壊した。その後マグマはもうどんどん流れだした。

ほどなくソヴィエト連邦とヤルタ協定後の秩序全体が崩壊した。

私たちは自由になった。ポーランド人、セルビア人、ハンガリー人だけでなく、エストニア人、リトアニア人、ウクライナ人、ブルガリア人、キルギス人、タジク人、カザフ人等々も。世界の大きな一部が自由を得たが、それに対する準備はできていなかった。極端な場合——全然それを期待してもいなければ、望んでもいなかったのだ。

世界の大きな一部はみずからを解凍して、この世界が実際にどのように動いているのかを急いで学ばねばならなかった。世界の中にいかにして自分の場所を見つけるかを。ひとことで言えば——自由とは何かを学ばねばならなかった。そしてそれをどう使うのかを。

3

踊る熊たちの歴史を私に語ってくれたのは、ワルシャワで知り合ったブルガリア人ジャーナリスト、クラシミル・クルモフである。

熊たちは何年も踊るための訓練をさせられ、実にひどい扱いを受けてきた、とクラシミルは言った。調教師たちは熊を家で飼っていた。小さな頃からたたいて踊りを教えた。折を見て熊の歯をすべて抜いた。熊が、自分は調教師よりも強いということを急に思い出したりしないように。彼らは熊の精神を打ち砕いた。アルコールを飲ませた——多くの熊たちがその後、強い酒に依存するようになった。それから観光客向けにさまざまな奇妙な芸をするよう命じた——踊りをはじめ、さまざまな有名人の物真似、マッサージにいたるまで。

　そして二〇〇七年にブルガリアが欧州連合に加盟すると、突然、踊る熊たちは非合法になった。オーストリアの団体〈四つ足《フォー・ポーズ》〉はソフィア近郊に特別なセンターを開設した。調教師から引き取られた熊たちは、ベリツァという町にあるそのセンターに収容された。鞭がなくなり、残虐行為がなくなり、鼻輪がなくなった。〈四つ足〉のスタッフが言うには、これらは熊たちの囚われの身の象徴だった。ユニークなプロジェクトが始まった。一度も自由の身だったことがない生き物に自由を教えるのだ。一歩一歩。ゆっくりと。慎重に。

　ベリツァのセンターは前例のない自由の実験室となった。動物たちは、自由な熊がいかに動くべきかを教わった。いかに自分の将来を得ようと努力すべきか。どうやって冬眠するか。どうやって交尾するか。どうやって食べ物を得るのかを。

　クラシミルの話を聞きながら、私は自分も似たような実験室で暮らしているのだと思った。一九八九年にポーランドで民主化が始まってから、私たちの生活もまた絶え間ない自由の実験室となったのだ。自由とは何か、それをいかに使うのか、そのためにいくら支払うのかを学ぶ絶え間ない学習。私たちはまた、自由な人間がいかにして、自分自身や自分の家族、自分の将来を気にかけるかを学ばねばならない。いかにして食べ、いかにして眠り、いかにして愛しあうのかを——なぜなら社会主義諸国では、国家が国民の皿もベッドものぞきこんでいたのだから。

　そして、ベリツァの熊たちのように、私たちは自由にうまく対処できることもあれば、できないこともある。ときにそれは私たちを満足させることもあるが、ときに——私たちの抵抗を呼び起こすこともある。ときに私たちの攻撃性さえも。

4

初めてクラシミルに会ってから数年後、私はベリツァの〈踊る熊〉園に赴いた。自由の実験室とはどんなものか知りたかったのだ。私が知り得たことは、なかんずく次のとおり。

・自由は熊たちに徐々に与えられる。一気に与えてはいけない。さもないと自由で窒息してしまうから。

・自由にもそれなりの限度はある。熊にとってのそうした限度が電気柵である。

・これまで自由を知らなかった者にとって、自由はきわめて複雑なものだ。熊たちにとって、自分自身を気にかけねばならない生活を学ぶことは大変難しい。不可能な場合もある。

そして、引退したどの踊る熊にも自由であることがつらくなる瞬間があることを私は知った。そんなとき熊はどうするか？　後ろ足で立って……踊りだすのだ。園の職員がどうしてもやめさせたいと思っているまさにそのことを再現してしまう。奴隷の振る舞いを再現するのだ。戻ってきて、再び自分の生活の責任を取ってくれと調教師を呼ぶ。「鞭で打ってくれ、手ひどく扱ってくれ、でも自分の生活に対処しなくてはならないこの忌々しい必然性をどうか取り除いてくれ」——熊たちはこう言っているように見える。

そしてまた私は思った。これは一見、熊たちの物語のように見える。だが私たちの話でもあるのだと。

5

多くのことをたやすく約束する、髪をなびかせた者たちが、世界の中の私たちの地域で雨後の茸のように増殖する。人々は彼らの後についていく。熊が自分の調教師についていくように。なぜなら、自由が彼らにもたらしたのは、新たな味、新たな可能性、新たな視野だけではなかったからだ。

自由はまた、つねに対処できるとは限らない新たな課題ももたらした。社会主義時代には知らなかった失業。ホームレス。しばしば非常に野蛮な形をとる資本主義。そして人々もまた、熊たちのように、調教師が戻ってきて、せめてこうした課題の一部でも自分たちの肩から下ろしてくれたらいいのにと思うことがあるかもしれない。たとえ少しでも背骨の負担を軽くしてくれたらと。

あなたがたが手にしているこの本のための資料を集めていたとき、これは中・東欧と、私たちが共産主義から脱却する困難な道のりに関する本になるだろうと私は思った。しかしその間に、髪をなびかせ狂った目をした者たちは、共産主義を一度も経験しなかった国々にも現れはじめた。変わりゆく世界に対する恐れ、自分の生活に対する責任を私たちから多少なりとも取り除いてくれるだれか、昔のように（すなわち、もっと良く）なると私たちに約束してくれるだれかへの憧れ——これらは普遍的なものであることが判明した。そして変革の地にいる私たちだけでなく、西側の半分も、空約束以外に何も提案するものがない、髪をなびかせた人たちをちやほやしている。ただ、そうした約束はカサカサいう紙に包まれていて、中に餡玉が入っているふりをしているだけなのだ。

そして人々はこの餡玉のために後ろ足で立ちあがって踊りはじめる。

自由は痛い。そしてこれからも痛みつづけるだろう。私たちはそれに対して、踊る熊たちよりも高い対価を支払う覚悟はあるだろうか？

＊ブルガリア語「熊使い」用語集

Мечка（メチカ）——熊

Мечкар または **мечкадар**（メチカルまたはメチカダル）——熊使い、調教師

Намордник（ナモルドニク）——熊の鼻面にかぶせたマスク、しばしば赤いポンポン付き

Холка（ホルカ）——熊使いが自分の熊の鼻に通した金属の輪

Гъдулка（ガドゥルカ）——熊使いが演奏するグスラという一弦または二弦のリュート型擦弦楽器

第一部

I 愛

1

ゲオルギ・ミルチェフ・マリノフは右手で頭を隠し、左手で煙草の灰を地面に振り落とす。ドリャノヴェツ村の地面はところどころ赤くなった濃い茶色だ。私たちは灰色のモルタルを塗った家の傍らに座っている。マリノフは七十歳過ぎだが、まだ腰は曲がっていない。ブルガリア北部の村ドリャノヴェツでは、主にロマが暮らしているが、その年齢まで生きながらえる男は稀だ。

とはいえ女の方がましというわけでもない。マリノフ家の戸口には、彼より少し若い女の写真を載せた新しい死亡通知が掛かっている。妻だ。昨年亡くなったのだ。

この戸口をくぐり、荷馬車と騾馬とがらくたの山を通り過ぎると、粘土の土間に至る。その真ん中の地面に棒が一本突き刺さっている。そこにつながれて雌熊のヴェラはほぼ二十回の冬を過ごした。

「あいつを愛していた、まるで自分の娘みたいに」とマリノフは言い、彼の回想はしばし、あの黒海沿岸の朝へと移った。彼とヴェラは互いに助け合いながら、鼻を海の方に向け、それから小麦のパンを噛み、ゆっくりと温まってゆくアスファルトを踏んで仕事に出かけた。そして、それらの想い出はあのときの太陽があのときのアスファルトを溶かしたように彼を溶かしてゆき、、そして彼は煙草のことを忘れ、火が指を焦がしはじめると、吸い殻を赤茶けた地面に投げ捨て、ドリャノヴェツ村の、戸口に死亡通知の掲げられた灰色のモルタルを塗った家へと戻る。

「神かけて、あいつを愛していた、まるで人間みたいに」と言って頭を振る。「家族の一員みたいに愛していた。パンはいつだって十分にあった。上等の酒。イチゴ。板チョコ。チョコレートバー。できるものなら、おぶってやったろう。だから、俺があいつを殴ってたとか、俺と一緒にいたのはよくなかったとか言うなら、あんたは嘘つきだ」

2

ヴェラがマリノフ家にやってきたのは悲しき九〇年代初め、共産主義が崩壊したころのことだが、その前に崩壊しはじめたのがコルホーズで、ここブルガリアではＴＫ３Ｃ《テケゼセ》――共同農場と呼ばれていた。「俺はドリャノヴェツのＴＫ３Ｃのトラクター運転手で、ベラルーシ製の車種に乗っていて、自分の仕事がとても好きだった」とマリノフは言う。「できることなら、死ぬまで共同農場で働いていただろう。いい人たちだった。仕事は大変なこともあるが、屋外だし。足りないものは何もなかった」

だが一九九一年にＴＫ３Ｃは人員解雇を始めた。農場長はマリノフを呼んでこう言った。資本主義のもとではトラクター運転手はトラクターを運転するだけでなく、牛の世話や種まきや収穫の手伝いもしなければならない。ゲオルギはもう何度も別の部署の人たちを助けてきたので、これが問題だとは思わなかった。だが農場長はそれに答えて、自分は万事承知しているが、そういう多機能のトラクター運転手でさえ、資本主義のもとでは十二人も維持できない――というのも、これまでドリャノヴェツのＴＫ３Ｃには十二人いたからだが、これからはせいぜい三人だ、と言った。マリノフは解雇された。

「三カ月先までの給料をもらったら――はい、さようならだ」そしてこう付け加える。「この家を出て、しばらく右へ行って、丘の上に立てば、俺たちの共同農場の後に残ったものが見える。立派な農場だった。三百頭の雌牛、数百ヘクタールが完璧に管理されていた！　働いていたのは主にロマだった。ブルガリア人にとって、この仕事は臭すぎたからね。今じゃ何もかも崩壊してしまい、ロマたちは働く代わりに失業中だ。ラズグラトのスーパーマーケットではドイツ産の牛乳を売っている。ドイツ人が大農場を持つとどうやら利益になるらしいが、ブルガリア人にとってはそうじゃないらしい」

一九九一年、マリノフは解雇されただれもがする根本的な問いかけを自分自身にせざるを得なかった。

「自分はほかに何ができるのか」

「俺の場合、答えは簡単だった」彼は言う。「熊を調教して踊らせることができた」

父と祖父は熊使いだったし、兄のステファンは学校を卒業して以来、熊たちを連れ回っていた。「家族のうち俺だけがコルホーズへ行った」マリノフは言う。「別の人生を試してみたかったんだ、熊との生活はもう知ってたからね。大勢の熊使いが、俺と同じく、コルホーズへ仕事に行った。だが俺だって熊たち《メチキ》のそばで育ったんだ。どの歌も、どの芸も、どの話も知っていた。親父の二頭の熊には、俺がみずから哺乳瓶でミルクをやった。俺に息子が生まれると、息子は熊と一緒に育った。俺が間違えて、息子に熊用の瓶で、熊に息子用の瓶で飲ませたこともある。だからコルホーズをクビになったとき、わかっていたのはひとつ。もっと生きていたけりゃ、なるたけ早く熊を見つける必要がある。熊なしじゃ一年も生きられないってことだ。

どうやって見つけたか？　まあ待て、もう一本煙草を吸ったら、何もかも話してやるから」

3

「熊を手に入れるため、俺はコルミソシュ自然保護区に行った。有名な狩猟場だ。ブレジネフが、そこへ狩りに連れていってもらうのと引き換えに、我が国の共産党員の十億レフ〔一レフは約六十円〕の負債を帳消しにしたとかいう話だ。コルミソシュで四十年働いてた男がそう言ってたが、本当かどうかは知らん。

まずソフィアにある、森林を管轄する省に行く必要があった。そこに学校時代の友人がいたんだ。そいつのおかげでコルミソシュで使える熊一頭分の引換券が手に入ったから、ソフィアから直接保護区へ行った。保護区の人たちは俺のことを知っていた。なぜかというと兄のステファンが以前、他の熊使いたちと一緒に彼らのところへ来たことがあったからで、ステファンは当時、本物のスターだった。黒海沿岸のとても値の張るレストランでショーに出演していて、そこには共産党指導部のメンバーもよく来ていた。何度かテレビにも出た。ブルガリア中の大勢の人が兄のことを知っていた。

ステファンは自分の熊をソフィアの動物園から手に入れた。ひとりの酔っ払った兵士が熊の飼育場に侵入したことがあって、ちょうど子育て中だった母熊はその兵士に飛びかかり、その場で殺した。母熊は安楽死させられたに違いない。動物が人間を殺すと動物園ではいつもそうする。ステファンはどこかでその話を耳にして、子熊の一頭を買いに出かけたんだ。

　そのレストランのショーでは最初に女の子たちが登場して熱い石炭の上で踊り、そのあとステファンが登場した。熊とのレスリングから始まって、最後に、熊がレストランの支配人の肩を揉んだ。

　それから兄のもとには人々の長い列ができた。その人たちも熊にマッサージしてもらうんだ。兄はこれで結構な金を稼いだ。もちろん支配人と分け合わねばならなかったが、二人には十分な額だった。

　そんなわけで俺がコルミソシュに行くと、森林監視人が兄によろしく伝えてくれと言い、それからあの雌の子熊を連れてきた。生後数カ月だった。そのくらいがいちばんいい。まだあまり母親に懐いてないから。ここで保護者を取り替えても、むずかることはない。これより大きくなった熊は、母親から引き離されると飢え死にしてしまうことがある。

　子熊が俺を見つめる。俺は子熊を見つめる。俺は思う。『俺のところに来るか、来ないか？』俺はしゃがんだ。手を差し伸べた。俺は呼ぶ。『さあ、おいでチビ、おいで』子熊は動かない。ただ俺を見つめるばかり。目は二つの石炭のようだ。

　あの目にはあんたもきっと夢中になるだろうな。

　ポケットからパンを取り出し、檻の中に置いて、子熊が入るのを待つ。また俺を見た。しばらくためらっていたが、中に入った。俺は思った――これでもうおまえは俺のもんだ。善かれ悪しかれ。というのも、熊は人間と三十年だって生きられることをよく知ってたからね。三十年といやあ人生の半分だ！

　俺はそいつに三千五百レフ支払ったが、一ステティンカさえ惜しいとは思わなかった。たちまちそいつは俺の心に入り込んだ。

その金はコルホーズからの退職金と、あと少しは借金だった。当時はモスクヴィッチが一台四千レフくらいで買えた。

でもモスクヴィッチを買うには金がもう足りなかった。だから帰りは途中まで子熊と一緒にバスに乗ったんだが、そのときはもういい気分だった。子供らが皆、俺の熊に興味津々で、だれも彼もが撫でたがった。幸先がいいなと思った。そして、本当にいい熊に当たったな、人懐こくて、人に好かれる、と。

そしてそのときすでにこう思った。『おまえの名はヴァレンティナにしよう。おまえはきれいな雌熊だし、これはきれいな名前だから、おまえにぴったりだぞ』

そしてそうなった。ヴァレンティナ、縮めてヴェラ。

その後、バスから電車に乗り換えねばならず、ヴェラは手荷物室に乗った。車掌はヴェラの切符は要求せず、ただ撫でさせてほしいとだけ言った。もちろん撫でさせてやった。だがそれでも切符代は払うと言い張った。俺はそういう人間なのさ——支払うべきものがあれば支払わなくちゃいかん、それだけだ。ヴェラにはいつも大人用の切符を買ってやっていた。撫でさせてやった分の割引は無しで。一度だけ車掌が頑として譲らなかったことがある。彼が言うには、家族のだれかが入院していて、その人の幸運のため、自分はこの熊を幸運のしるしだと思っている、と。それは彼にとって重要なことだとわかった。だから俺が金を払わなかったのはこの一回こっきりだ。

4

「いちばんの問題はうちの奴だった。コルミソシュに行ったことは連れ合いには内緒だったんだ。それで俺が突然玄関に熊と一緒に立ってたもんだから、うちの奴は怒り狂った。

『この能無し！　あたしたちこれからどうやって暮らしていくのよ⁉』と叫んで、両手で殴りかかってきた。連れ合いに折れて、俺は出ていった。

いつもあいつとは仲たがいせずにやろうと努めてきたし、そんなふうに叫ばれて腹が立ったのは言うまでもないが、あいつの言うことも少しはわかった。熊使いの生活は楽じゃない。無論稼ぐことはできる。この家を見たかい？　我らがヴァレンティナの働きのおかげで建ったんだ。海辺で調子のいい日にはコルホーズの一カ月分よりも多く稼いだもんだ。

だがこの仕事にはそれなりの代償がある。熊が暴れないように、人を傷つけないように、始終見張ってなけりゃならない――ヴェラは二十年俺たちと一緒にいたが、人間の方は一瞬たりとも警戒をゆるめられなかった。いつあんたの熊に本能が目覚めるか、わからない。隣村の知り合いイヴァン・ミテフは雌熊を十五年飼っていた。サーカスで買ったから、この熊なら安心と思っていたのかもしれない――母熊もそのまた母熊も自由を知らなかったし、本能は弱まっているはずだと。だが、ある日イヴァンがしっかりつないでおかなかったら、熊が逃げ出して、雌鶏を三羽殺して食べちまった。どうやったのかは――わからない。うちのヴェラの頭の上を雌鶏たちが何度も歩き回ったことがあるが、ヴェラはそんなこと思いもしなかった。だがそれは起こった。ミテフの雌熊に本能が目覚め、飛びかかるようになった

――ミテフに、奴の連れ合いに、子供たちに。家族に嚙みつこうとした。一家は大問題を抱えた。残念ながら、熊は感謝の気持ちを知らないし、あんたが十五年間トウモロコシとジャガイモをくれたことなんか思い出しもしない。野生の本能が目覚めれば、嚙みつくようになる。

それに熊使いは世間であまりよく思われていない。俺たちは尊敬されてないんだ。俺は長い間それで問題を抱えてたから、ここドリャノヴェッツでも、近場の村でも、一度たりとも、決して、ヴェラと一緒に芸を見せたことはない。ここから六十キロ以上離れたシュメンまで行ってようやく、グスラを取り出して仕事を始めたもんだ。

だから俺が家に子熊を連れて帰ったとき、うちの奴はこのすべての行き着く先が、よくわかっていたんだ。女ってのはとても賢いから、この小さな毛むくじゃらのやつを見てあいつはわかったんだな、人様に笑われるってことを、夜な夜な雨の中で過ごし、数ストティンカの投げ銭のために、中庭から中庭へと回るってことを。

だが俺だって亡くなった連れ合いのことはよくわかっていた。そして、俺がこの怒りの爆発を乗り越えさえすれば、あいつがこの熊を我が子のように愛するようになるってことも、わかっていた。

俺は間違っていなかった。最初の冬にはもう、あいつは俺を急かして、ヴェラが凍えてるから、なるたけ早く庇《ひさし》を作ってやるようにと言った。雨が降ると傘を手にして、ヴェラをつないでいた木の下に走っていって、うちの熊が濡れないようにした。できることなら、家の中で飼っていただろうね、都会の人たちがときどき犬をそうやって飼うみたいに。

5

「子熊をここに連れてきたとき、最大の悶着を引き起こしたのが、ある民警の警視だった――もしかしてもう警察に変わってたか？　憶えてないな、ああいう変化はあまりに速かったから、だれもついていけなかった。俺が子熊を飼っていると聞きつけるや、そいつがやって来て、こう言うのさ。市民マリノフ。おまえのところに熊がいることがわかった。七日間の期限を与えるから追い払え、と。

俺はたてついた。警視さん、どういうことです？　だって合法的に買ったものですよ。コルミソシュ自然保護区からの購入証明書もある。それに、あんたらの改革のせいで俺は仕事を取り上げられるんだから、何か別のことをやらせてくれよ！

しかし警視は耳を貸そうともしない。『期限は七日間』と言う。『それに、市民マリノフ、私は何度も言いたくはないんだ』

それは奇妙な振る舞いだった。当時うちの村にはほかに六頭の熊がいて、そのうち一頭は兄のステファンの熊だった。どうしてこの警視は、よりによって俺にからんだんだろう？　わからない。熊はもうたくさんだと思ったのか？　ひょっとして賄賂が欲しかったのか？　俺は探りを入れたりはしなかった。これはまったくの合法だったから、警視に何かをくれてやる謂れはなかった。俺はシュメンの文化局担当者のところへ行って、費用は俺が持つからソフィアに電話して、必要な書類はすべて揃っていることをあちらで確認してくれるよう頼んだ。熊を不法に飼うことはできなかった。獣医の診察を受けなくてはならなかったし、俺の演目が高い芸術的価値を示すであろうことを文化省が確認する必要があった。

文化省は俺の書類がすべて揃っていることを確認し、ラズグラトで追加の紙切れを発行してくれたから、民警の警視は俺を放っておくほかなかった。

そして放っておいてくれた。ただ、俺から目を離さない、とだけ言った。それから二回ほど奴を見かけたが、その後いなくなった。

あとは調教するだけだった。ここには二つの流派がある。

ある調教師《メチカダル》たちは厳しくやる。熊を殴りつけたり、鼻面を引っ張ったり、蹴ったりする。

俺は決してそんなことはしなかった。第一、それは俺の性格に反している――俺は優しい質《たち》だ。第二に、親父は俺にしょっちゅうこう言っていた――神様は何もかもお見通しだと。神様がおまえにこの熊を与えてくださったのだから、もしおまえが熊を手ひどく扱うなら、それは神を侮辱するようなものだって。俺はこれを信じてる。というのも、このことが何度も、大勢のさまざまな熊使いの身に起こったからだ。遅かれ早かれ、神はあんたの悪事に対して報いる。

ぶたれた熊は殴られないように、待つだけになる。俺の知り合いに、自分の熊《メチカ》を消防用シャベルでたたいていた奴がいた。それから熊はシャベルを見ると、離れるようになった。だがあるときそいつがシャベルを持たずに近寄ったら、噛みつかれたんだ、それもしたたかに。

もうひとつの証拠はイヴァン・ミテフ、例の鶏を食うことを覚えた雌熊の飼い主だ。奴は考えうるかぎり最も愚かなことをした。パニックに陥ったんだ。イヴァンは猟師に助けを求めた。熊を森の方角に向かって放ち、猟師が撃ち殺した。数カ月後にはもうイヴァン自身が死んでいた。心臓だった。いいかい、あんたが自分の熊に何をしているか神様はご覧になっていて、遅かれ早かれ、それに対して報いるんだよ。

俺は絶対に熊を殴らない。ヴェラを殴るだって？　ああ、そんなことを思うだけで、目に涙が浮かぶよ。むしろヴェラより自分自身を痛めつける方がましだね。

じゃあどうやって訓練したかって？　何だな、あいつを村はずれに連れていき、俺はガドゥルカ、つまりグスラと、飴玉を少し持っていって、演奏を始めた。そして後ろ足で立ってみなと、あいつに言い聞かせた。立ち上がると――あいつは飴玉をもらえた。

ヴェラは飲み込みがとても早かった。それから春が来て初めて、もっと複雑なことを教えはじめた。たとえば俺はこう言った。『ヴェラ、花嫁が姑さんの手にキスするところを見せてごらん』するとヴェラはご婦人がたの手に見事なキスをした。その後、国じゅうを巡業したときには、その芸で酒手《チップ》をたくさんはずんでもらった。

マリア・ギゴヴァという有名な体操選手がいて、引退した後もとても人気があった。ときどき俺はヴェラと一緒に町の真ん中に立って、こう言った。『見せてごらん、ヴェラ、ギゴヴァがメダルを勝ち取ったところを』するとヴェラは飛び跳ねて、きれいに後ろ足を揃え、最後にお辞儀をした。人々は笑って、拍手したり、写真を撮ったりし、俺たちは小銭を稼いだ。

ヤンコ・ルセフというシュメン出身の重量挙げ選手もいた。オリンピックの金メダリストで五回も世界チャンピオンになった。俺は言った。『見せてごらん、いい子だ、ルセフが重い物を持ち上げたところを』するとヴェラはしゃがみ込み、重量挙げ選手がバーベルをにぎるように前足を並べ、苦しげに鼻息を荒くした。

我が国の優れたサッカー選手フリスト・ストイチコフがバルセロナでプレーしはじめたとき、俺は言った。『ヴェラ、ストイチコフがファウルのふりをするところを見せてごらん』するとヴェラは地面に横たわり、片足をつかんで、ひどくあえぎはじめたものだ。

政治的なテーマに踏み込む熊使いもいた。ジフコフ〔一九一一―九八。ブルガリア共産党書記長を三十五年間務めた〕のこととか、彼の部下のこととか、それに続く政府のこととか。とりわけジフコフが失脚したときには、彼をネタにしたジョークが山ほどつくられた。

俺はそういうのは好きじゃなかった。第一、政権とはいざこざを起こさない方がいい。俺を槍玉にあげようと待ちかまえていた、あの警視を憶えていたからな。新政権が長続きするかどうかはだれにもわからなかったが、あの警視は永遠に続くように思えた。

第二に、俺は生まれてこのかた今も昔も根っからの共産主義者だ。戦前、ロマというのは何者でもなかった。戦後になって俺たちがいろんな権利、仕事、住まいを手に入れ、一般の人たちが読み書きを学び、ブルガリア人が俺たちを多少なりとも尊重するようになったのは、ひとえに共産主義者のおかげだ。

ブルガリア人だって共産主義時代の方がよかった。聖ゲオルギの日には、この国じゃ伝統的に子羊を屠る。村のほぼ全員がこの特別な日にそれを買って食べるだけの金を持っていた。いまじゃ村全体で数えるほどしか屠らない。数十人雇われてた共同農場で、いま働いているのはたったの三人。それも給料は出たり出なかったり。あの共産主義というのがいかに犯罪的な時代だったかって話を耳にすると気分が悪くなる。なにしろ俺たちが憶えているのはまったく違うんだから。

俺にとって共産主義はすばらしい時代だった。あのころ、熊を飼っていなかったのを後悔するほどだ。

人々はもっと機嫌がよかったし、幸せだった。いまはどうだ？　欲求不満だ。だれもが自分のしっぽを追いかけてる。

見ろよ、うちの外に立ってるあの男の子を、あれは孫のイヴァンだ。うちの男の子の中じゃ、いちばんよくできる。ちょうど高校を卒業したところで、成績もいいし、上の学校に行きたがっている。もしもじいちゃんが熊を飼ってたら、車かバスに乗って、生きてるかぎりヴァルナからブルガスまで巡業して、孫の学費を稼げたのに。そしたら数年後にはうちの家族に技師が誕生したかもしれない。熊使いの中にはそういう例もいくつかあったんだよ。

でも俺には熊がいない。言っても仕方ないが、卒業試験に合格した子が大学へ行く代わりに、仕事を探さなくちゃならないなんて。

だから俺は、共産主義者を笑ったことは一度もない。一方、ある友だちはいつだったか国王シメオンを茶化したことがある。シメオンというのはブルガリアの首相も務めた人で、政権をにぎると、百日のうちにブルガリアの全国民の生活を向上させると約束したんだ。そして、その友だちは自分の熊を連れて、こう言ったもんだ。『見せてごらん、いい子だから、国王シメオンがブルガリア人の生活を良くしたところを』すると熊は地面に横たわり、前足で頭を隠して、恐ろしいうなり声をあげた。

これは見事な芸だったな。共産主義がなくなってから、ブルガリアでの生活がいかに変わったかを実によく示している。

6

「芸のほか、人々は熊にマッサージして治してもらいたがった。病気が重くて医者も手の施しようがないとき、人々は熊使いのところにやって来た。熊がその人の上に寝そべると、病気が熊に移るのだと人々は信じていた。熊は大きくて強いから死にはせず、病気に対処できるのだと。いいか、これには何か理由があった。というのも、俺が定期市に巡業に出かけるときは、毎年同じ村を回っていたんだ。今でも県内すべての市《いち》の日付を憶えている――ルソカストロは五月六日、カメノヴォは五月二十四日、ボヤジクは六月二日、といった具合に。

こうした定期市で何度も見たことがあるんだが、一年前は死にかけてたように見えた人が、ヴェラがその人の上に寝そべると――元気になったんだ。彼らはやって来て、礼を言い、ヴェラに甘いものを持ってきた。そしてしばしばこんな言葉を耳にした。『あなたの熊に命を救われました』

マッサージはまた別だ。熊ほど背骨の痛みに効くものはない。人はうつぶせに寝て、熊はその上に前足を置いて、上から下へ動かす。あんたをうちまで車で送ってきた村長さんは憶えているはずだよ、俺はヴェラを連れてあの人の父親をマッサージしに行ったことがある。そのときはまだ小さな女の子で、お父さんに何か起きるんじゃないかって怖がって、ものすごく泣いてた。俺たちは外に出るふりをする羽目になって、お母さんが娘を別の部屋に連れていっている間、ようやくマッサージをしたんだ。そして効いた。この治療は、俺が自分の村ですることに同意した唯一の行為だった。出し物は絶対にしなかった、恥ずかしかったんだ。でも人の治療を拒むことはできない。

その代わり、ヴェラが病気になったときは、俺が自分で治してやった。ヴェラのどこが痛むか、俺には完璧にわかった。ヴェラがいつ気分が悪くなるのか俺にはわかった。俺はたいていの人よりもヴェラとの方がよく理解しあえた。ヴェラを見るだけで、あいつが俺に言いたいことがわかった。

歯が痛むとき、ヴェラは前足で鼻面を指した。すると俺は綿をラキヤに浸して痛むところに当ててやった。というのも俺はヴェラの歯を抜かなかったからだ。ほかの熊使いたちには、いつか嚙まれて報いを受けるぞ、と笑われた。実際、俺は莫迦だったのかもしれん。あるとき酔っ払った学生が煙草でヴェラに火をつけようとしたことがあってな。ヴェラは学生の手を歯でくわえたが、嚙みつきはしなかった。だから俺の教育にも意味はあったんじゃないかな？　もし嚙みしめてたら、俺たちはおしまいだった。ヴェラは安楽死させられ、俺は監獄行き、あの学生は今ごろ片手をなくしてただろうよ。

餌はきちんとやっていた。腹が減ってると働きたがらなかったからね。毎日パンを八斤食べた。こんなブルガリアのことわざがある。腹を空かせた熊はホロを踊らない。ホロってのはブルガリアの民族舞踊だ。そして俺はそれに同感だ。食べさせてやらないなら、動物があんたのために働くなんて思うな。

月に一度、ヴェラを風呂に入れた。あいつは風呂が大好きだった。盥《たらい》を持ってきてやると、ヴェラが中に入って、俺はうちの奴と一緒にお湯を運んでやった。ヴェラは俺たちを悪く思ってはいなかった。あんた、熱した鉄板の上で熊に踊りを教える熊使いの話をどこかで読んだと言ったね。あれは作り話だよ。もしかして戦前はそうだったのかもしれないが、わからんな。戦後は絶対にそんなことはない。足の裏が痛くならないように、俺はヴェラに熱くなったアスファルトの上さえ歩かせたことはなかったよ。

7

「俺は本当に運がよかった、芸を見せるために苦しめたり殴ったりしなくてもいい熊に当たったのは。俺はそんなことできっこないから、すぐだれかに売り払っていただろう。

幸いヴェラ自身、芸をするのが大好きだった。あいつには芸術家の天性があった。人々が拍手してくれたり、笑ってくれたり、投げ銭をくれたりするのが好きだった。あるいはビールを注いでくれるのが。それが何より好きだったな。ヴェラが連れていかれた保護区じゃ、こういう芸をする機会がないから、きっと物足りないだろうな。

でも——本物の芸術家みたいに——演技する気分じゃない日もあった。俺は言った。『ヴェラ、見せてごらん、ギゴヴァが鞍馬を跳ぶところを』ヴェラはうなり、ぐずり、文句を言う。調子の悪い日があって、働きたくないというのはいたって普通のことだ。そして俺はいつもそれを尊重した。時折そんな日があると、俺たちは宝くじ売り場に立った。くじを買う人たちは幸運を祈ってヴェラを撫でた。時にはすっぱり休みにする日もあった。

唯一、ヴェラを苦しめる羽目になったのは、鼻にホルカという輪っかを突き通したときだ。

俺はヴェラを森に車で連れていった。

そこで小さな焚き火を燃やした。

金属の棒を赤くなるまで熱した。

俺は言った。『痛いのはちょっとの間だけだ、でもこうせねばならん。でないとおまえと俺はうまくやっていけないからな。いずれおまえは俺か、別のだれかを傷つけることになる』

ほかに解決策はなかった。ホルカとは熊を操縦するハンドルで、これなしでは望むところに熊を連れていくことができない。なにしろ熊ってやつは体重が二百キロ以上あるから、逃げ出しちまうんだ。

まずヴェラの鼻にその熱した棒を打ち込んだ。

ヴェラはひどくもがいた。

咆吼した。

逃げようとしたが、俺は膝と肘を使って全力で押さえつけた。

それも不思議はない。熊の鼻はとても敏感だ。それに俺の手際も悪かった。なにしろヴェラは俺の初めての熊だったからな。兄のステファンならきっともっと上手にやったろうが、兄に頼むことはできなかった。ホルカは、その熊の面倒を見る熊使い本人が打ち込むことがとても重要なんだ。なぜか？　だって熊はその瞬間を一生憶えているからね。熊の鼻に輪っかを突き通したら——あんたが熊の主人なんだ。ホルカは熊のハンドルで、あんたがイグニッションキーを持ってるんだ。

ようやく鼻に穴を開けることができた。少し血が、そのあと膿が出た。ヴェラはうめき、もがき、おびえた目で見つめた。

その穴にすばやく針金を差し込み、ペンチで曲げた。その後、それが絶対に抜けないように、鍛冶屋がしっかり締めつけてくれた。ヴェラはそれから数日間、前足で鼻面をつかんでいた。数日後にはすべて忘れて、ホルカを自分の鼻の一部みたいに扱っていた。

8

「うちの奴が死ぬ間際に俺に言ったよ。うちのヴェラと過ごしたよりも、いい人生なんて想像できないって。二〇〇六年にヴェラが連れていかれたときは、あいつもずいぶんつらい思いをしたんだ。あいつも俺もひと月、食事がのどを通らなかった。ものすごくさびしかった。俺は今でも恋しい。あいつはもうあの世にいる。あいつはヴェラがベリツァに連れていかれて数カ月後に病気になったんだ。

ある日、俺は言う。『来いよ、バスに乗ってあそこに行こう。うちのヴェラの様子を見に行こう。あいつ俺たちがわかるかな？　もう野生に戻ったか、それともまだ踊るかな？　もし俺たちを見て踊りだしたら、つまり、俺たちを今でも愛してるってことだ。だって俺たちがあいつを愛したように、あいつも俺たちを愛していたんだから。絶対に』

でもうちの奴はあきらめたように片手を振っただけだった。『あたしたちからヴェラを盗んだあの強盗どもと話をする羽目になる。あたしは嫌だよ』と言った。

あいつにとってヴェラがいなくなったことは人生最大の悲劇だった。あいつは、我々に大いなる不正が行われたと思っていた。家族の一員を奪い取られたのだと。

とはいえ俺もそう思ってる」

Ⅱ　自由

1

　ドクター・アミール・ハリルに自分たちの熊を連れていかれた日のことを、スタネフ家のだれもが一生忘れないだろう。

　二〇〇七年六月、ブルガリア北部の小さな村ゲツォヴォのゼラニウム《ズドラヴェツ》通りでは木々の緑が目にまぶしい。灰色の、モルタルを塗っていない二戸建て住宅に早朝から何台もの車がやって来る。報道陣、動物の権利擁護活動家、警察、地元自治体、野次馬、近所の人々、それに子供たちの群れが大人たちの間を駆けまわり、車の中に細い木の枝を投げ入れてはしゃいでいる。だれもが見たがっている——とその翌日メディアは報じる——踊る熊たちの野蛮な伝統の終焉を。もう少ししたら大文字の〈歴史〉が起こり、野次馬はそれを隣人に伝えに行き、記者たちは世界中の観衆に伝えるのだ。

　二戸建て住宅の右半分にはディミタル・スタネフという口髭のある体格のよい男が、妻のマリイカと共に住んでいる。

　左半分には——彼の二人の息子がそれぞれ妻子と共に住んでいる。

この三組の夫婦それぞれが自分の熊を飼っている。熊使いは互いに近くで暮らす親戚同士というのが習わしだ。彼らは多世代家族を形成し、国を小さな地域に分割している。互いに邪魔をせず、客の取り合いをしないように。

というか、かつてはそうだった。というのも、スタネフ一家はブルガリア最後かつ欧州連合最後の熊使いなのだ。だからこんなに大勢の見物人と記者が詰めかけている。何かが決定的に終わる。人はこうした取り返しのつかない終わりが好きだ。

ディミタルは六十年間の生涯にわたって熊使い以外の仕事をしたことがなかった。ブルガリア全土から熊の調教師たちが彼のもとへプロの技を教わりに来た。ときには彼らが子熊を買うのを手伝ってやったこともある。経験豊富で抜け目がない。人々は彼について、自分の利益ばかり気にかけていると言うが、彼個人の魅力も相当あった。それに、彼ほど物事に精通した人はいない。だれがいま売りに出せる熊を持っているか、いつだってそっと教えることができたし、つねに把握していた。

彼の弟ペンチョ・スタネフ、やはり口髭を生やし、いつも口の端に煙草をくっつけている彼もまた伝説である。ある動物園の園長が子熊一頭に法外な値段を吹っかけてきたとき、ペンチョは自分ひとりで森に行って熊を一頭捕まえた。似たような熊使いの話は祖父や曾祖父の時代にはあったけれども、二十世紀にひとりで森に行って熊を捕まえただって？　前代未聞だ。バルカン半島のロマたちは長年、動物園の園長か猟師から熊を買っていた。熊を自分で捕まえるなんて話は伝説でしか聞いたことがなかったから、ペンチョはたちまち全同業者の尊敬を勝ち得た。

数週間前、スタネフ家の人たちは公証人のもとで書類にサインし、七年間の戦いの末、ついに自分たちの熊を〈四つ足〉財団に引き渡すことになった。

「スタネフ家の熊たちは文明化された世界における最後の踊る熊です」と〈四つ足〉のスタッフが言う。プロジェクトの責任者、オーストリアの獣医師アミール・ハリルがにっこり微笑む。

カメラマンたちはなるたけ撮影しやすい場所に陣取る。それは容易ではない。すべてはロマの家と隣のブルガリア人の家の垣根の間の狭い路地で起こるのだ。「どんなシーンに備えるべきか？」カメラマンは考える。そして、車の屋根の上に立つか、カメラを肩にかつぐか、それとも木の上に据えようかと思案する。

「それは大受け間違いなしの事件でしたよ」その日ゲツォヴォに居合わせたブルガリア人女性記者が、数年後、私にこう言う。「子熊を誘拐する、あるいは非合法に買うロマたちがいる。彼らは熊の鼻にホルカという金属の輪を突き刺す。熊の鼻は非常に敏感です。その鼻に何かを突き刺すというのは、男性のペニスに錆びた釘を打ち込むようなものです。そして彼らは一生、熊の鼻を引き回して、無理やり踊らせる。それは悲しい光景でした。熊たちが苦しんでいるのは明らかでした。その日、〈四つ足〉のスタッフがこの問題に終止符を打ったことをわたしは誇りに思いました」

2

熊の引き渡しにはだれもが完璧に備えていた。

警察は抵抗された場合の準備ができている。スタネフ家の人たちはつねに当局とうまくやろうとしてきた。だが、その地域のだれもが知っている。熊は彼らにとって最も重要なものだったから、引き渡さずに済むよう、彼らができるかぎりの手を尽くしたことを。

地元当局は成功した場合の準備ができている。報道陣の中にはヨーロッパの複数の有力紙から来ている記者もいるのだから、地域全体にとってこれ以上の宣伝は想像しがたい。

野次馬は見世物への準備ができている。

準備ができていない者がいるとすれば、それは熊たちだ。彼らは神経質に動き回り、突然の苦境を理解できずにいる。

3

スタネフ家の人たちは家に閉じこもって待っていた。親父のディミタルがいる。二人の息子、その妻、孫たちがいる。

そしてこの日の主役がいる。

十九歳のミショ。十七歳のスヴェトラ。六歳のミマ。彼らは家族と一緒に家の中にいる。鼻に金属のホルカをつけて。そこから鉄の鎖が伸びている。

ミショは朝から写真用にポーズをとって、報道カメラマンから板チョコや〈スニッカーズ〉をもらっていた。ディミタルの息子ヴェセリン・スタネフは、自分の家族がどれだけ熊と親密に結びついているかを示すため、生後数カ月の息子の足を熊の口に押し込みさえした。熊はその足を舐めた。ヴェセリンにとって、これは自分の家族に対する熊の究極の愛情の証だった——なにしろ野生の熊ならまず赤ん坊を食い、それからヴェセリン・スタネフを食い、最後に記者と彼らのカメラを食っただろうから。でもミショは野生の熊ではなかった。ヴェセリンは力説した。ミショはスタネフ家の一員だった。完全にその資格があったと。

十時にスタネフ家の玄関のドアをドクター・ハリルがノックする。熊の生活を——松林と水浴び用のプールとリラ山脈の景色が見える——観光パンフレットみたいな夢に変えるために。

ドクター・ハリルは正確には何と言っているのか？　たぶんこうした場合にたいてい言うようなことだろう。「おはようございます。契約にしたがってお宅の熊を引き取りに参りました」

あるいはもっと率直に。「私どもがなぜここに来たかは、おわかりですね」

もっと重要なのは、スタネフ家の人たちが熊たちをあらかじめ用意しておいたケージに入れる際、ドクター・ハリルが報道陣に向かって言う言葉だ。

彼は言う。「皆さん、二〇〇七年六月十四日をもって、ブルガリアにおける踊る熊の伝統は終わりました」

4

ドクター・ハリルがこの言葉を口にした瞬間に、〈四つ足〉のロゴ付きフリースジャケットを着た彼のスタッフがスタネフ家からミショ、スヴェトラ、ミマを順番に運び出せたら最高だっただろう。それならニュースで見映えがしただろうし、ラジオの記者は面白い音響効果——たとえば熊のうなり声——が得られただろう。〈四つ足〉財団は寄付金で運営されているので、メディアが絵になる写真と効果的な音を撮れるよう配慮する必要があるのだ。フォトジャーナリストはそこで何枚かすばらしい写真を撮って、この件は問題なく片づいただろう。

だが、そうは問屋が卸さなかった。

まずヴェセリン・スタネフがドクター・ハリルを戸口に残して家の前に出ると、報道陣に向かってこう告げた。最後の踊る熊たちの引き渡しの様子と最後の調教師の室内の独占写真が欲しければ、千ユーロ支払ってもらわなくては、と。

「なに莫迦なこと言ってんだ、って彼に言いましたよ」と〈四つ足〉のヴァシル・ディミトロフは言う。「私はそれを英語に訳すつもりはないと。でも彼は頑として譲らなかったので、記者たちにはこう言いました。まったく莫迦みたいな話だが、この愚かで強欲なロマは写真撮影に千ユーロ要求してますと。なぜ愚かかって？　こんな振る舞いをほかにどう定義できます？　でもいいですか？　あるドイツのテレビのレポーターがポケットに手を伸ばして、金を取り出すや、彼に渡したんです。ドイツ人はいつだって私をびっくりさせてくれますよ」

ディミトロフ、ドイツから来た撮影スタッフ、スタネフ一家はケージと共に、モルタルを塗っていない家の中に消える。

いちばん若い熊ミマは問題なくケージに入れることができる。スタネフ兄弟の弟の方がケージの隅に一切れのパンを置き、怖い顔をすると、雌熊は抵抗する素振りも見せない。

だがあとの二頭は、もはやそう簡単にはいかない。

「泣いてました」ディミタルの妻、マリイカは語る。「熊が人間みたいに泣くことができるなんて信じがたいのはわかってます。でもわたしは人生の半分を熊たちと一緒に過ごしてきたから、自分が何を言ってるかはわかってます。涙がレンズ豆みたいにぽろぽろこぼれてました」

「泣いてたかどうかはわかりません」ヴァシル・ディミトロフは肩をすくめる。「わかっているのは、スタネフ家の人々が熊たちに課された任務を簡単にはしなかったことです。泣きわめいて我々と熊たちに飛びかかってきたのは彼らの方ですよ。婆さんは頭をかきむしり、爺さんは棒で殴りかかってきて、我々を泥棒呼ばわりした。息子にいたっては、おまえらなんか地獄の業火に焼かれちまえと言う始末。きっとこれは熊たちにもよくなかった。ミマはケージに入りました。スヴェトラは奇蹟的に言うことを聞いた。でもミショは抵抗した。一時間頑張りましたよ。ヴェセリンとディミタルがミショに言い聞かせて、ケージに甘いものを入れ、耳元で何か囁いた。でもミショは知らんぷり、二本足で立って、うなり声をあげ、鼻息が荒い。

ヴェセリンが言う。『力ずくでそっちへ鼻を引っ張ることはできる。だがもしホルカがちぎれたら、どうなるかわからん。俺たちが挽き肉にされるかもしれない。こいつが野生の動物だってことを忘れるな。奴の本能が目覚めたら——俺たちは死んでいる』

彼らは私にドイツの撮影スタッフと一緒に家から出てほしいと言いました。ドイツ人たちには二度繰り返す必要はなかった。すでに二頭の熊を撮影済みなのだから、なぜ危険を冒す必要がある？

でも私は、ミショの抵抗が何か別のジプシーの手口じゃないかと懸念していたんです。連中の言うことはひとことも信じていなかったので、私は最後まで残ると言いました。

しぶしぶでしたが、彼らは同意しました。そしてドイツ人たちが出ていったとき、ディミタルは五歳くらいの幼い孫を呼びました。子供は部屋に入ってくると、熊の耳元で何か言い、ぴったり寄り添って、毛を掻いてやり、もみくちゃにし、それから自分でケージに入りました。

ミショは催眠術にかかったように、子供の後について入りました。

私は唖然としました。もし子供に何かあったら、もしミショがかすり傷でも負わせたりしたら、我々の祝祭はすべておじゃんだ。

全員が――熊たちも、スタネフ一家も、私も――気をもんでいた。だれかが大声をあげたり、迂闊に音をたてたり、ドアをノックしたりすれば、ミショはストレスを感じて何か莫迦なことをしでかすんじゃないかと気が気じゃなかった。熊には長さ六センチの爪がある。それを使えば、男の子の顔はぐちゃぐちゃにされてしまうだろう。本当に、そうなってもおかしくなかった。

子供がケージに入るのに、そもそもなぜ私が同意したかって？　だってだれも私に意見なんて訊かなかったんですよ！　何が起きているのか私が理解する前にそうなっていたんです。

それに、熊たちに麻酔注射を打たずにここから連れ出すことが、我々にはどうしても必要だった。我々が熊たちを連れていった園は、我々の財団が、ロマへの隷属から救い出された熊たちのために、ピリン山脈のベリツァに開設したところです。そこで検査のために熊をしばらく眠らせる必要がありますが、この種の注射はそうしょっちゅうはできません。だから彼らが麻酔なしで熊をケージに入れる方法を知っているなら、願ったりかなったりだったわけです。彼らは熊たちと一緒に暮らしていて、その子は彼らの息子なのだから、自分たちが何をしているのか、たぶんわかってるはずでしょう？

我々はケージの一方の扉を閉じました。ミショは落ち着いていた。あとは、今度は男の子をどうやってそこから出すかという問題が残っていました。

我々が熊を運ぶのに使うケージには両側に扉があります。父親は男の子に、そのもう一方の出口になるたけ頭を近づけるよう言いました。父親が扉をすばやく開け——子供がケージから飛び出し、熊は中に残るという手筈になっていた。

問題は、男の子が全然ケージから出ようとしないことでした。その子は熊の毛にぴったり寄り添っていた。ミショの毛を撫でまわしたり、頭にキスしたりして、熊のことは放っておけと言うのに耳を貸そうともしなかった。

状況は緊迫しました。スヴェトラとミマがうなりはじめた。ヴェセリンは腹を立てて雷を落としたが、不必要に熊をいらだたせないよう、小声で言っただけだった。だれもがディミタル爺さんが何かするのを待っていました。何かひとこと言って、男の子か熊に——催眠術をかけるのを。咳払いなり、つばを吐くなり。このこんがらがった状況をほどくために何かしてくれるのを。

でもスタネフ爺さんは何もしなかった。窓の外を眺めるばかりで、まったく上の空のようでした」

5

だれにも思いもよらなかったが、まさにこれが、やがて爺さんを墓に横たえることになる病気の最初の兆しだった。

6

長い数分が経った。ついに男の子の父親、ヴェセリン・スタネフが、言うことを聞きなさいと諭した。〈四つ足〉のヴァシルが扉を開けると、子供はケージから転がり出て、その出口は閉じられた。ようやくカメラマンは自分の写真が撮れ、記者は自分の記事の勘所を得る――ヨーロッパ最後の苦しめられた熊たちが自由になるのだ、と。

「自由になるのにケージの中か」だれかがコメントした。だがこのかすかな悪意が、厳かな成功の雰囲気を乱すことはなかった。

7

その雰囲気をなおも乱そうとしたのはスタネフ一家だった。ヴェセリナ、現在十六歳になる娘は、父親がドクター・ハリルに怒鳴っていた様子を憶えている。混乱した熊たちが――混乱していたのは、ドクターが松林とプールと自由がある熊たちの夢の国に連れていってくれることを知らなかったからだ――うなり声をあげてケージから出ようとしたとき、ヴェセリン・スタネフは叫んだ。

「ここで動物を苦しめているのは一体だれだ⁉　だれだよ⁉」

そしてこう付け加えた。「うちじゃ一度もケージに入れたことなんかない。一頭も。ほんの一分だって。熊たちは俺たちと一緒に暮らし、俺たちと同じものを食べてた」

「でも殴ってましたよね」記者のひとりが不用意に言った。

「ときには子供に平手打ちすることもある。なんならうちの子らも連れていくがいい！」スタネフは激怒した。「胸に手を当ててあんたがたに言う――熊は俺たちより悪い状態じゃなかった」

記者たちはのちにこのロマの発言を、もっぱら少々変わった出来事として利用した――動物を苦しめておいて、今度は大騒ぎする、と。記者の間では、熊たちの新生活をもっぱら色鮮やかに、さらには幾分脚色して紹介し、過去の生活は一連の絶え間ない苦しみとして見せる傾向がある。「囚われの身からついに自由に」、「ブルガリアの熊の苦しみ終わる」――翌日、地元の新聞はこう書いた。

だが、熊がスタネフ家の人々と同じものを食べていたと聞いて、ドクター・ハリルは顔をしかめるしかない。彼のスタッフは、飼い主と同じものを食べていたというのは非常にまずいと当事者らに喜んで説明する。熊の餌は多様であるべきだ、なぜなら熊は本来ほぼ雑食性で、果物も、野菜も、ナッツ類も食べるからだ、スタネフ家のように――パン、ラードをかけたジャガイモ、ポテトチップス、甘いものというのではなく。だから熊使いを自称する人々の愚かさに、〈四つ足〉のスタッフは泣くしかない。

熊の移送用に仕様変更された救急車のドアが閉まる。運転手がエンジンをかけ、熊に最適な温度に設定されたエアコンと、動物心理学者の意見によれば熊を落ち着かせるという特別な薄暗い照明のスイッチを入れる。

救急車の費用を出したのは、ブルガリアの熊たちの福祉を気にかける西側の慈善家たちだった。

リラ山脈に向かってあと八時間走れば、熊たちがまだ気づいていない彼らの夢が現実となる。

8

ベリツァにある〈踊る熊〉園へ向かうには、山あいの峡谷を抜ける美しく曲がりくねった道を行くが、時間という歯と山から流れ落ちる水が、アスファルトの表面をほぼすべて削り取っていた。ミショとスヴェトラとミマが、ゲツォヴォからの長旅にここまでまずまず耐えてきたとしても、この最後の十二キロは熊たちを嘔吐させかねない。救急車は轍の上でひっきりなしに飛び跳ね、運転手は、地元自治体が長年、道路改修の件で県と折りあえずにいると小声で悪態をつく。

熊たちはまず獣医のところへ連れていかれ、麻酔下で必要な検査を受ける。血液、血圧、歯列の状態、目、生殖器の状態など。

三頭とも皮膚と歯に問題を抱えている。「一つ、熊たちは飼い主のところで甘いものをたくさん食べていました」ベリツァの熊園の園長、ディミタル・イヴァノフは言う。「二つ、ロマたちはしばしば熊が小さいうちに歯を抜いていました。そうすれば確かに熊は自分たちを嚙まなくなりますから。それで食べ物がうまく嚙めなくなって、あとで病気になる——そんなことにはお構いなしだったのです。ここにいる熊たちは皆、歯に問題があります。年に一度、ドイツから歯科医が熊たちを治療しにやって来ます」

検査結果がいちばん悪かったのはミショだ。「思ったとおりでした」イヴァノフ園長は言う。「ミショにはほとんど毛がなかった。熊の毛が抜けるというのは、本当に健康上深刻な問題があるということです。そのうえ高血圧と重い目の感染症もありました。ミショの目を救うため、我々はソフィアから眼科医を呼びました。うまくいきました。現在ミショは正常に見えています。

もうひとつ、私たちが対処しなくてはならなかったのは、甘いもの依存症。それとアルコール依存症です。いいですか、ロマたちはわざと熊をアル中にしていたんですよ、そうすれば反抗しないとわかっていたから。彼らは何百年もそうしてきました。アルコールに依存すればだれでも反抗する力がなくなります。

私たちは、過去二十年間毎日酒を飲んでいた熊たちに取り組まねばなりませんでした。仮に日々アルコールを飲ませずにいたら、熊たちは死んでいたことでしょう。徐々にやっていく必要がありました。今日、誇りを持って言いますが、私たちの熊は全頭、禁酒主義者です」

9

麻酔から目覚めたあと、熊たちは最初の数日間を園の職員が特別に掘った小さな洞穴で過ごす。ディミタル・イヴァノフによれば、「熊たちは新しいにおい、新しい場所、新しい食べ物に慣れなくてはなりません。そのために数日の猶予を与えます。彼らを完全に外へ出す前に」。

自由へと。

自由というものは熊にとってあまりに衝撃が強いので、ケージからそのまま森に放すことはできない。

場所を移すには数日の猶予を与える必要がある。

自由とは新たな挑戦だ。

新しい音。

新しいにおい。

新しい食べ物。

自由とは彼らにとってひとつの大きな冒険だ。

「ついに森に放つと、熊たちはどうしていいかわからず、最初はこの自由からよろよろ逃げ出してしまうほどです」園の職員のひとりが付け足す。「その後はどこにでも行きたがり、すべてを調べ、すべてを確かめたがります。それも不思議はありません。二十年も鎖につながれていたら、正常な反応ですよ」

Ⅲ　交渉

1

ヴァシルは四十ちょっと過ぎ、顔にかかる黒髪と、大都市の人々との話し方を学んだ小さな町の少年の魅力を持ち合わせている。彼はベリツァにある〈踊る熊〉園で働いている。ここで生まれ、ここで学業を終え、ここでＤＪとしてのキャリアを始め、そのおかげでソフィアやゴールデン・サンズ〈ズラトニ・ピャサツィ〉やブルガスの音楽クラブにも行ったことがある。ここで、ついに十数年前、人生を変える決意をし、熊園の管理課に履歴書を提出した。

「面接で当時の園長は僕に尋ねた。なぜあなたはＤＪを辞めて、私たちと一緒に仕事をしたいのですか？　僕は無表情で、踊る熊にはＤＪが役に立ちそうだからと答えた」ヴァシルは言う。「みんな笑った。でも履歴書を見て僕が獣医学科を卒業していることがわかると、すぐに採用された。ＤＪでいることに少々うんざりしてた。落ち着きたかったんだ」

ヴァシルは六年間、熊を飼い主から引き取る仕事を担当していた。これまでに二十頭以上引き取った。最後の三頭、ミショ、スヴェトラ、ミマも含めて、ほぼ全頭だ。彼が手伝わずにベリツァにやって来たのは、最初の二頭だけだ。
「この仕事でいちばん重要なのはいつも最初の会話だった」と彼は言い、こちらが理解しているかどうか確かめるように私の目を見つめる。どうやらこうした交渉は微妙かつ複雑な問題で、だれもが一度で理解するわけではないらしい。幸いヴァシルは急いで説明してくれる。「ロマの家に行って、ドアの前に立ってノックして、『おはようございます、ケージはここにあります、お宅の熊を引き取りに来ました』と言うわけにはいかないんだ。留守かもしれないし、いたとしても抵抗する。入口の門に鍵をかける。女たちは叫びだす。辺り一帯の住人が集まってきてしまう。

　熊の引き渡しはそれよりずっと前から準備しなくてはならない。報道機関や寄付してくれた人たちには、自発的にそうなったかのように見せることになっている。僕たちが車に乗ってそこまで行ったら、彼らが引き渡した、というように。現実には、こうしたことは何カ月もかけて交渉する。一度、二度、三度とテーブルにつく必要がある。親しくなって、互いの信頼を得る必要があるんだ。

　互いの信頼がなければ、だれも熊を引き渡さない。それよりはいっそ殺す。そういう事例もあった。ルセ近郊に住むあるロマは、自分の熊が手に負えなくなったので殺してしまった。僕たちに引き渡すこともできたのに、怖がっていたんだ——罰金とか、警察官とか、逮捕とかをね。熊を引き渡さないと、僕らに家を没収されるかもしれない、なんて噂しあっていた。そんなのは戯言だよ、僕らは決してそんなふうにはしない。でも彼らはそんな話を信じてしまうくらい、素朴なんだ。

　だから彼らには僕らのことを知って好きになってもらわないといけない。そして、僕らは彼らの味方なのだと思ってもらわなくては」

ヴァシルと私は〈踊る熊〉園のテラスに立っている。正面に標高二千九百メートル級のヴィフレン山頂を含むピリン山脈を望み、右にはリラ山脈、そこにはユネスコ世界遺産に登録された修道院がある。

私たちの眼下に広がる十二ヘクタールを、オーストリアの団体〈四つ足〉が熊の楽園に変えた。ロマから引き取られた熊たちのために、ここにはプールと、たくさんのおもちゃがあり、一日三回、栄養バランスのとれた食事が出る。

テラスそのものは船に似ていて、舳先を森の腐った緑に突っ込んでいる。その緑にところどころ青い糸と茶色の点々が散らばっている。

点々はロマの飼い主から引き取られた熊たち。

青い糸は有刺鉄線の電気柵だ。自由にもそれなりの限度がある。

2

ここに来るには、スキーリゾート地のバンスコからミネラルウォーターで有名な町ヴェリングラトに向かう必要がある。

車で狭軌鉄道の陸橋の下をくぐり抜けなければならない。その鉄道はよその国ならすばらしい観光名所となったはずだが、ここではドブリニシテとセプテムヴリ、二つの町の間の風光明媚な山あいのルートでただ人々を運んでいるだけだ。

陸橋の手前で、巨大な焦げ茶色の熊のマークに **Парк за танцуващи мечки**――〈踊る熊〉園――十七キロ、と書かれた看板に気づくはずだ。

この陸橋をくぐって、それから入口を固く閉ざした小さな正教会を通り過ぎ、それからトウモロコシ畑を通り過ぎなくてはならない。

最初の四キロはベリツァまで続くアスファルトの道路だ。この小さな町に二つの塔がそびえる。正教会の上部にある塔とベリシュカ河畔にある小さなモスクのミナレットだ。イスラム教徒はこの町の人口の三分の一を占める。「ブルガリア語しか話さないイスラム教徒の大部分は、ラキヤのグラスを断らないけれど、もっと正統派で厳格な人たちもいる」ヴァシルは説明する。

町の中心部にあるホテル・ベリツァはここ三年間改装中だ。「あと五年は工事中だろうね」と通行人たちは私に言う。「なぜかって？　だって国営ホテルだから。だれも気にしてない」

その代わり、ホテルの裏手には気にする人たちの行列ができている。社会支援のパンとパスタ一袋を受け取るためだ。長い行列で、ずいぶん早く来るか、少なくとも四十五分並ぶかしなくてはならない。そこに立っているのは主にベリツァのロマだが、ブルガリア人も数人いる。私はヴァシルにこの行列について尋ねる。

だがヴァシルは肩をすくめるだけだ。無論、ブルガリアのだれもが共産主義崩壊後にうまくいったわけではない。ここでは何の話をしていたんだっけ？

熊の話に戻ろう。

3

「最初に会うときは、ロマをレストランに招待する」とヴァシルは言う。「高すぎない店だ、あまり相手の想像力を刺激しないように、さもないと可能なかぎり値段を吊り上げてくるから、だが安すぎてもいけない、相手の気分を害さないように。ロマたちが名誉の点で非常に敏感だということは否定できない。絶対に名誉を傷つけてはいけない。さもないとあとでわざわざ嫌がらせをしに来る。たとえば熊一頭につき五千レフと、いい値段を提示すると、向こうは百万欲しいと言ってくるだろう。相手が譲らなければ、一年間は動かない。一大キャンペーンを張らないといけない。村長とロマの長老たちと相手の親戚を説得して味方につけるんだ。さもないと気分を害したロマとの交渉は埒が明かない。

すぐに始めたほうがいい。

ロマをレストランに招待したら、食べ物を注文して、ラキヤをたっぷり注いでやる必要がある。どんなのが好きか訊いて、一緒に座って飲む。あんたがロマを好きじゃないかもしれないことは重要じゃない――結局のところ、ロマが好きな奴なんているのか？　え？　あんたは好きなのか？　ロマの友だちがいるのかい？　なんだ、もしかしてあんたの国、ポーランドのロマは違うのかもしれないな。いずれにせよ、つねに忘れちゃいけないのは、あんたがここにいるのは自分のためじゃなく、目的は熊だってこと。オーストリアでの研修でそう教わった。こんな図まで描いてくれたよ。

目的――熊。

任務――熊を解放すること。

　熊は、熊の、熊のために、熊と共に、熊について。

　自分がそこにいる理由を忘れなければ、耐えることは容易になる。言っておくが、熊というのはすばらしい動物だ。賢くて、威厳があって、王者のようだ。最も完璧な形の自然だ。

　だからあんたはロマを酔いつぶれさせなくちゃならない、難しいよ、だって一緒に飲むんだからね。相手が酔いつぶれるときは、あんたもそうなる。こいつは問題だが、あるひとつの理由であんたは勝ったも同然だ。あんたには想像力があるからわかるだろう、この状況がどこへ向かうかが。わかるだろう、ベリツァの僕らの美しい園がどんなふうになるのかが。そしてあんたはもう、あのかわいそうな熊たちが自由になるところを思い描いている。だからあんたは感情を抑えることができる。ロマと一緒になって酔っ払いの感傷的なハグはするな――もしすでにしたなら、その状況が要求する以上にすることはない。そしてつねに会話をコントロールするんだ。

　ロマが家族や子供や政府やガソリンの値段の話をしようとしたら親切に耳を傾ける。だがしばらくしたらラキヤを注ぎ足して、こう言う。『で、いつ熊を引き取りに伺えばいいでしょう？』ってね。

　ブルガリアではこう言うんだよ。一滴一滴が集まって湖になる、と。

　だからしょっちゅうラキヤを注ぎ足さなくちゃならない。あと、贈り物も忘れちゃいけない。ロマたちは贈り物が大好きだ。それが何であるかは重要じゃない。キーホルダーでもTシャツでも帽子でもライターでも、何でもいい。重要なのは、きれいに包装されてるってことだ。何か模様のついた、カサカサ音がする大きな袋に入れておく。一緒に飲んでいるとき、あんたはある瞬間こう言うんだ。ちょっとした贈り物があるんです、ってね。そして取り出すと、袋がカサカサ音を立てて、模様がきらきら光る。

中身が何であれ、ロマは子供みたいに喜ぶ。彼らは物の価値がわからない。何かがきらきら光ってカサカサ音を立てれば、それでご機嫌なのさ。

そしてもうひとつ重要なこと。

ある時点であんたは次のようなことを言う必要がある。『本当はあなたにこれをあげてはいけないのですが……』

あるいは、『上司にこのことを知られるとまずいのですが……』。

そのとき、あんたは車から何かを取ってくる、あるいは上着から何かを取り出す。これもまた帽子かキーホルダーかTシャツでいい。だがロマはその瞬間から、あんたは自分の味方だと確信する。一緒に何かを企んでいるからには、自分に何かをくれるために上司を欺いているからには、つまり、あんたは本当の友だちだというわけ。

4

「僕はロマたちとこうした会話を何十回もしてきた。二十頭以上の熊を取り戻した。うちの園にいる熊のほぼすべてだ。上司は僕を完全に信頼している。僕が熊一頭につき一万レフ〔日本円で約六十万円〕に値切ったら、つまりこちらはその額を支払わなければならないってことだ。二万だったら――それ以上安くならなかったってこと。

でも、たまたま二千レフに値切ったことがあった。しかも、それしか受け取らなかった男は、みずから自分の車でその熊を運んできたんだ。

最も重要なことは何か？　ロマがあんたを信頼することだ。家族の方が進んで熊を手放す気になるとロマが納得することだ。

どういうわけかロマは全員、ひとり残らず僕を信じた。自分を褒めてやらないといけない。僕は彼らにこう言った。『いいかい、僕は君のところへ友だちとして来ている。君のためにドイツからお金を引き出してあげよう。かなりの金額を引き出すから、君は三千レフももらえる。でも僕と話がつかなければ、警察が来て、君の熊を没収する。そうなると君は一レフももらえない』

するとロマはいつもこう言った。『何だって⁉　うちのミショ、うちのヴェラ、うちのイサウラが三千レフだって？』彼らがしばしば熊をイサウラと名付けたのは、ブラジルのテレビドラマに出てくる女奴隷にちなんでいた。『冗談だろ⁉』ここでロマはちょっとした芝居を始め、このミショがどれだけ若いか、どんなさまざまな芸を知っているか、このヴェラがどれほど賢いか、観光客がどれだけ彼女を愛しているか、イサウラがどんなにおとなしいか、どんなふうにビールを飲むかを語った。そして愚かなロマのやり方で、もっと多くの金を引き出そうとした。三千レフなんて冗談だろう。百万ドイツマルクくれ、と僕らが最初に話をしたロマは言った。

そしてあんたは相手にこの百万をあきらめさせて、たとえば一万を支払わなければならないんだ。

熊を最後まで手放さない人もいる。論理に反して。なにしろ世の中は進歩したし、二十一世紀のいま、僕らはiPhoneで連絡を取ったり、宇宙に飛び出したりしていて、踊る熊なんかの出る幕はない。

だが、なかにはそういう仕事に慣れてしまった人もいる。そんなふうに人生を形作ってきた人たちが急に切り替えるのは難しいというのも驚くには当たらない。

　あんたはそういう人に向かって、『熊を引き渡せ。さもないと困ったことになるぞ』と言う。すると相手は『引き渡すよ』と言い、すでにこっちの味方になったように見える。だが、あんたと別れたあと、そいつはロマの仲間たちと話をし、その後、心変わりして、親戚の家に身を隠し、熊は渡さない。

　あんたは彼に言う。『我々の国は欧州連合に加盟している。世界中からやって来る観光客があなたのような人に抗議している。あなたは熊を引き渡さなければならない』

（彼らが抗議しているのは本当だが、僕らの広報担当がそうするように働きかけたんだ）

　そいつは引き渡すと言う。だが次の日になると、やっぱり渡さない、EUに対しても腹が立つと言う。

　そしてこう付け加える――これは僕からすれば最も恥知らずなことだが――熊にとって何がいいかは自分の方がよく知っている。自分たちのトウモロコシとパンは、僕らのナッツやリンゴよりもいいのだ、と。ロマの鎖とグスラのほうが、僕らの十二ヘクタールよりもいいのだ、と。

　何より腹立たしいのは、そいつがその熊を愛している、と口にすることだ。僕らが家族の一員を連れ去ろうとしていると言うんだ。

　なあ、と僕は思う、あんたはその動物を苦しめている。貶めている。本来の性質と矛盾する振る舞いを強いている。野生の、誇り高き動物を笑いものにしている！　熊を莫迦にしているんだよ！

　だがそんな愚かなロマが何を理解するっていうんだ？　たとえ僕が一切合切を話したとしても。

　彼らは長年、熊を引き渡さなくてはならないことは耳にしていて、それに慣れてしまった。どうせまた話だけで終わるのだ、と思っていた。僕らが決して手をゆるめないことを理解していなかった。僕らが自然保護区を用意していることも。政治家、俳優、ジャーナリストなど、重要人物の支援があることも。そして、僕らと共に、この食べ物やラキヤや贈り物でいっぱいのテーブルに着いているとき、すでに彼らは負けたも同然だということも。なぜならだれもが僕らの味方で、彼らはもはや存在しない世界の伝統を守っている愚かなロマにすぎないからだ。

5

「もうひとつ重要なことがある。僕らは、彼らが受け取るお金が熊の代金ではないということを彼らにわかってもらいたかった。彼らはしばしば互いに熊を売り買いしていたので、最初のうち僕らを市場の新しい顧客として扱った。

ある者は言う。『うちの熊は五歳になったばかりだ。あんたが隣に支払った額よりも多く払ってもらわないと困る。だって隣の熊はもう三十歳を超えていて、もうじき死ぬんだから』さまざまな手口を試みる者もいた。年取った熊にアルコールを飲ませると若い熊のようにはしゃぐ。だから僕らと会う前に熊にラキヤを一瓶与えて、これは若い熊なのだから、とびきりの金額を支払うべきだと言って納得させようとした。熊の毛を毛染めシャンプーで染める奴もいたな。

だが僕らは最初から強調していた。いずれにせよ、どの契約にもこう明記してある。『我々は熊の代金は支払わない』と。

あなたがお金を受け取るのは、あなたが貧しいからであって、我々はあなたを援助したいのだ。あなたは苦境にある。あなたの仕事の場はまさに廃止された。生計の手段がなくなるので、あなたは何か新しいことを学ばねばならない。たとえば籠を編むとか、家を建てるとか、生け花作品を作るとか。食料品店を開くか、あるいは、くず鉄買い取り所を始めるか――それはあなた次第だ。

あなたの苦境を考慮し、我々は、これこれの金額でもってあなたを援助したいのだ。

僕らがそうする必要はなかった。というのもブルガリアで熊を調教して踊らせることはすでに禁止なのだから、僕らは警察と共に彼らのところへ乗り込んで、熊を取り上げることだってできた。だがそんなことをすれば次の日、僕らはロマの権利を擁護する団体に訴えられていただろう。そして結構な見物になったことだろう――動物の権利擁護団体がロマの権利擁護団体と訴訟で争うのだ。彼らにさっさとお金を払うほうがましだった。

彼らは最後の最後まで値上げ交渉をした。そういうことは驚くには当たらない。彼らはロマで、もともとそういう性質を持っているのだ。だが結局、僕らが折れないこと、僕らにとっては熊そのものが大事であって、熊の年齢や毛色が大事なわけではないということに彼らは気づいた。僕らが、自分たちとはちょっと違う世界から来ていることに気づいたんだ。熊を商品として扱ったりしない世界、生き物すべてを尊重し、どの生き物も自由で幸せであってほしいと願う世界から。

そのとき彼らはついに勘弁してくれた。

さらに一、二度、夕食とラキヤの席で会わねばならなかった。あと少し値段の交渉をした。もう一度説明した――お金と引き換えに熊を引き渡すか、さもなくば、ひと月後に警察が来て、一ストティンカすらもらえないかだ。だが状況は次第に大詰めに近づいていた。

6

「最後の夕食のあと、公証人のところで契約書に署名する約束をした。でも、工作とはぐらかしがこれでおしまいだと思ったら大間違いだ。

僕らと折り合いがついた最初のロマは二頭の熊を飼っていた。四世代の家族全員がこれで生計を立てていた。最初に百万マルク欲しがったあの一家だ。

僕らはかなりの金額――二万数千レフを値切った。僕らは大いに満足した。というのもそいつは有名な熊使いだったので、彼と話がつくなら他の人たちとはもっと楽にいくだろうと思ったのだ。僕はそいつに少なくとも十数回は言ってきかせた。我々からいくらもらうか、他の連中には言うなよ。あんただけがこれだけの大金を受け取れるのは、あんたが尊敬されていて、我々があんたを気にかけているからだ、と。ロマはうなずき、僕らと共に飲み、何もかもうまくいっているように見えた。そいつは熊を引き渡し、笑顔さえ見せた。

熊たちをうちの園に連れてきて世話をし、他のロマたちと話を始めたが、ここで……完全に壁に突き当たった。だれひとり話し合いに応じようとしない。話をすれば、百万マルク近い額を吹っかけてくる。

僕らは確信していた。彼らは例の百万の話をあの親爺から聞いたのだ。彼らにそうした戯言を吹き込んだのは奴なのだと。僕らがカンカンになったのはもちろんだが、そうしたシナリオには備えていた。

数カ月が過ぎたころ、だれかがベリツァの僕らのところに電話をかけてきてこう言った。あの親爺がヴァルナ近くの海辺にいる、よく聞け！　熊と一緒だ。それも一年前に飼っていたのと同じあの熊だ。僕らは即刻現地に急行した。そいつはとても愛想よく我々を迎え、何かがおかしいことに驚いたふりをした。

『あんたは我々に熊を引き渡したじゃないですか。その見返りにお金を受け取ったでしょう』と僕はそいつに言う。

『まあそうだ……。あんたらは熊を二頭欲しがった。そして熊を二頭受け取った。で、何が問題なんだ？』そいつは愚か者を装った。

その親爺は山地に住むあまり知恵の回らないいとこたちから熊を買い受けたことがわかった。僕から聞いたのとそっくり同じことをいとこに伝えたのだ。いますぐ自分が一頭につき千五百レフずつやるか、さもなくば警察が来て熊を連れていくかだと。そして、その熊を一頭につき三万五千で我々に引き渡しておいて、その間に自分の熊を隣人のところに隠したのだ。

僕は怒り心頭になりかけた。警察を呼んで、そいつの熊を力ずくで取り上げたかった。でも同僚たちからは、そんなことをすればロマたちは我々と話すのをすっぱり止めてしまうと言われた。そのうえ警察が助けてくれるかどうかはわからなかった。警察は長年、熊使いたちから賄賂を受け取っていて、彼らの違法な宿営地に目をつむってきたのだ。僕らは見て見ぬふりをした。その親爺はさらに五年間、熊を連れ回していたが、説得の末ついに引き渡してもらうことができた。そして僕らはひとつの教訓を得た。それ以来どのロマにも、今後は決して熊を調教しないという念書に署名させるようにした。もしそれをやぶった場合、我々は熊を取り上げ、お金は返してもらうことになる。

また別のときの話だが、公証人のもとでの約束の日に僕らが警察と獣医と報道関係者と共に到着すると、ロマと熊がいない。そいつの代わりにそこで待っているのはおよそ四十人。女子供、いとこ、どこかの年寄りたちだ。そいつの妻に訊いても、何も知らない。泣いてわめきだす。いとこたちに訊いても、やはり何も知らない。そいつの携帯電話にかけると、電源が切ってある。

僕は本当に腹が立った。というのもこれは難しい交渉だったし、そのうえスタッフ全員は熊を引き取りにルセくんだりまで、ベリツァから車で六時間もかけてやって来たのだ。

彼らを建物の外に引き止めておいても意味がなかった。僕らはスタッフを先に帰し、僕は同僚のひとりと共に近くの村を回ってそいつを捜索しはじめた。

最初の二日間、成果はなかった。

三日目になって、だれかが、そいつは二つ先の村の親戚のところに隠れていると僕に言った。

僕はそこへ行く――彼らはドアを開けたがらない。

僕は言う。スタンコに伝えてくれ、僕はひとりだと。話し合う必要がある。警察はすぐに彼を見つけるだろうと。

彼らはスタンコのところへ行った。十五分経って、本人が出てくる。『俺の家で何が起こったか、見たかい?』と訊く。『俺が熊を引き渡すと知るや、これまで一度も会ったことがない親戚の奴らがやって来た。テントを持ってきて俺の家の前に張った。あそこで現金は受け取れない、あいつらに全部取られちまう!』

僕はすばやく考えをめぐらせた。救急車はすでにベリツァに引き返している。ここに到着するまで、我々がすべてお膳立てするまでに、もう一日かかってしまう。奴はその間に四回は心変わりして、さらに二つ先の村に隠れて、何だってすることができる。

あんたは知らないだろう、こうしたロマが頭の中で何を考えているのか。彼らは熊のいない生活なんて本当に想像できないんだ。僕が受けたどの研修でもオーストリアの同僚たちは繰り返しこう言っていた。どうすればいいかわからないとき、いちばん重要なのは熊だということを忘れるな、と。

目的——熊。

任務——熊を解放すること。

熊は、熊の、熊のために、熊と共に、熊について。

僕は尋ねる。『どうやって熊をここに連れてきたんだ？』

そいつは僕に古いジグリ〔ソ連製小型乗用車〕を見せ、軽トレーラーを見せて、これで、と言う。

僕は胸で十字を切り、同僚を我々の車で先に行かせて、こう言う。『行こう』

それに対しロマは、自分は運転免許証を持っていないから、捕まったら面倒なことになるかもしれないと言う。

僕は思う。『クソッたれ。てめえは無免許で二十年間もおんぼろジグリで黒海沿岸一帯に熊を連れ回してきたのかよ⁉』

だがどうすればいい？　僕らは軽トレーラーをジグリにつなぎ、僕が運転席に座って出発した。熊は最初のうちはおとなしく乗っていたが、その後、ブルガス—ソフィア間は高速道路を通らなければならなかった。そして、そこで大型トラックが通り過ぎるたび、熊はひどく怖がった。両足で立ち上がり、おびえて軽トレーラーを揺さぶりだした。

体重二百キロの動物がトレーラーを揺さぶると、道路を走行中のジグリがどんなふうに動くか想像できるだろう。僕らは左から右へ揺さぶられた。僕は路肩を走っていたが、ときどき極端に左へ投げ出された。

僕はロマに言う。『こいつは無理だ！　何か考えろ！』

ロマはそれに答えて、次のガソリンスタンドに立ち寄れと言う。僕が車を停め、そいつはラキヤを一瓶買い、熊の前足にかけてやると、熊は前足を口に入れて舐めた。熊が一瓶飲み干すと、その後は問題なくベリツァまでたどり着いて、そこで熊はすぐに検査と検疫に送られた。ロマは？　何とか自分のジグリでルセまで戻ったはずだ。

どうやって戻ったか？　わからない。僕は訊かなかった。正直に言うと、熊を引き渡したあとの彼らの生活に興味を持ったことは一度もない」

Ⅳ　歴史

1

「話はしますけど、これは秘密ですよ」と言ってディミタル・スタネフの妻マリイカは私の目をのぞきこむ――私が秘密を守れるか、それとも左右に言いふらすのか、読み取ろうとするかのように。マリイカはしばしの間、思案し、視線で私を推し量る――敵か味方か見分けようとするかのように。そしてついに言う。「共産主義者は戦後、熊の調教を禁止したがった。ほかの国なら禁止していたでしょう。でもできなかった、ある理由から。わたしの舅は、ソフィアの共産党本部自体の決定を変えることができる電話番号を知っていたんです」

私は信用しない。マリイカはそれを察したに違いない、こう訊くのだから。

「どこからその番号を手に入れたのか知りたいですか?」

そして自分の舅の話を語りだす。

話は第二次世界大戦中に始まる。同志ペンチョ・クバディンスキ、ハンサムな二十代のブルネットの若者は、一年間のパルチザン戦のおかげで男らしく真面目に成長していた。彼は身を隠さねばならない。

第二次世界大戦中、ブルガリアはヒトラーと緊密に協力していた。ブルガリアの兵士は、ギリシャとユーゴスラヴィアに対する第三帝国の侵略に参加した。彼らはバルカン半島全土に送られた——秩序を維持し、地元のレジスタンス運動と戦うために。彼らにそれができたのは、ブルガリア国内ではレジスタンス運動が弱く、分裂していて、長い間、政府軍にとって大きな脅威にならなかったためだ。

しかしいくつか例外もあった。そのうちのひとつがクバディンスキの部隊〈アウグスト・ポポフ〉で、主に戦前の共産主義者で構成されていた。この部隊は一九四二年以来定期的に、森の多いシュメンとラズグラト付近でブルガリア軍を密かに攻撃していた。

一九四三年春、ブルガリアのレジスタンス運動はまだ弱かったものの、ソフィアの政府が攻撃を仕掛ける程度には厄介な存在になっていた。兵士たちは村々を回ってはパルチザンを探し、彼らを助けたかどで告発された人々を迫害した。クバディンスキと仲間の首にかけられた輪縄がきつくなりはじめる。

幸い、同志ペンチョは戦争前から何人かのロマを知っていた。彼らは彼の故郷の町ロズニツァからいくつか先の村に住んでいた。ペンチョは彼らに助けを求めた。

ロマたちは断らなかった。

こうしてブルガリアのレジスタンス運動の最も色鮮やかな物語のひとつが始まる。クバディンスキの知り合いだったロマたちは熊使いで生計を立てている。政府は戦時中の熊使いの巡業を禁止していたが、この禁令を気にしている暇はだれにもなかった。熊使いたちは以前と同じく村から村へと渡り歩き、芸と引き換えに人々から卵や牛乳、ときに少しの肉を受け取る。

ペンチョ・クバディンスキは彼らに加わる。彼が熊使いたちと数日過ごしたのか、それとも数カ月過ごしたのか――いまとなってはもうわからない。そのころから生き残っているのは、いくつかの伝説だけだ。

曰く、ある日、同志ペンチョが滞在していたロマの宿営地を兵士たちが取り囲んだ。ロマたちはすばやく同志に女の恰好をさせた――長い花柄のスカートをはかせ、派手なスカーフをかぶせた――そうやって待ち伏せから救い出したのだ。

曰く、同志ペンチョは熊使いを覚え、熊たちはことのほか彼の言うことをよく聞いた。まるで、自分たちが相手にしているのは、並はずれて気性の強い人だと感じていたかのように。

そして曰く、同志みずから熊との格闘を試みた。そして実にうまくやっていたという。

同志クバディンスキの最も近しい親友となったのがスタンコ・スタネフ、マリイカの舅、ディミタルとペンチョの父だった。自分の熊たちを最後に〈四つ足〉財団に引き渡したあのディミタルと、森から野生の雌熊を捕まえてきて、調教して踊らせたあのペンチョの。

どうやらふたりがあまりに親しくなったので、ペンチョは同志クバディンスキを称えてその名を授かったらしい。

「舅が彼の命を救ったんです。でなければブルガリア兵たちは彼をその場で撃ち殺していたでしょう」

マリイカは言う。「彼はそのことを決して忘れませんでした。そして共産主義者が熊使いを禁止したがったとき、ペンチョは私たちの味方に立ってくれた。彼はよく私たちの家に来てはラキヤを飲みました。舅はどんな問題でもクバディンスキに電話することができました。電話したかですって？　する必要はなかったんです。舅が電話できることをだれもが知っていた、それで十分でした」

2

戦後、ブルガリアは明確に共産主義への道をたどりはじめ、同志ペンチョはこの路線で次第に重要な役割を果たすようになる。共産主義政権組織の頂点に登りつめ——独裁者トドル・ジフコフに最も近い協力者のひとりとなる。

この独裁者の経歴はまるでアメリカン・ドリームの実現で、ただその社会主義版にすぎない。貧しい羊飼いの少年が党第一書記に登りつめた。ジフコフはプラヴェッツという町の貧しい牧畜農家の出身だ。十七歳のとき、共産青年同盟に加わる。戦時中はクバディンスキと同様に反ファシスト・パルチザン戦で戦うが、活動地域はソフィア周辺だ。

戦争直後、若いパルチザンはブルガリアの首都で人民軍司令官となり、同時に共産党組織の上層部を目指す。彼の後ろ盾となるのがヴァルコ・チェルヴェンコフ、ブルガリア共産党第一書記その人である。強硬なスターリン主義者である彼は、ソヴィエトを手本に、ブルガリアを強権によって支配している。ジフコフは知っている——高い地位につきたければ、なるたけチェルヴェンコフの近くにいなければならないと。頭の中では最高位を思い浮かべている。

その地位を引き受ける機会は予想外に早く、一九五三年、スターリンの死と共に訪れる。チェルヴェンコフはこのとき影響力を失う。完全な失墜から我が身を守るため、彼は当時四十二歳だったお気に入りを自分の後継者として第一書記の座に推す。自分自身は首相の書類鞄を保持しようとする。

当時、ジフコフは同志にあまり広く知られてはいないため、だれもがチェルヴェンコフの決定をすばらしいものと認める――新しい第一書記は前任者の傀儡《かいらい》となるだろう。チェルヴェンコフがすべてを舞台裏から支配するのだろう、と。

同志たちはジフコフを過小評価している。彼はここ数年間、党内での自分の地位固めと、自分のために働いてくれる人たちを集めた派閥作りに励んできた。

その派閥にペンチョ・クバディンスキがいる。

早くも一九五六年、スターリン主義とは何だったかを初めて公に語ったフルシチョフの有名な演説のあとに起きた雪どけの波に乗り、ジフコフはチェルヴェンコフから残りの権力を奪い取る。これまで全能だった元首相が、自分にすべてを負っている男に倒されるスピードは圧巻だ。これ以降、ジフコフはブルガリアを一九八九年まで独裁下に置く。「世界のこの地域の書記長としては最長」と、ソフィア出身の歴史学者イリヤ・フリストフは強調する。

その間ずっとクバディンスキは彼の味方だ。六〇年代と七〇年代の変わり目に数回にわたって軍がクーデターを試みるときも。ジフコフが自分の政敵の殺害を指示するときも。彼がグラークをお手本にベレネの町に造った収容所に政敵を送るときも。ブルガリアを一共和国としてソヴィエト連邦に加えてほしいとフルシチョフに頼むときも（フルシチョフは拒否した）。

「クバディンスキは非常に曖昧な人物です」イリヤ・フリストフは言う。「一方では、おそらく私たちの国がソ連に併合されてもまったく意に介さないでしょう。ジフコフと共に、たとえば一九六八年、ワルシャワ条約機構軍がチェコスロバキアに侵攻するよう強く推しました。ブルガリア国内に百万人以上いて、共産主義者から迫害されていたトルコ人については侮辱的な発言をしました。他方、彼は真に人民の味方で、本当にこの共産主義を信じていたのです。多くの党員のように、偽りだったり、冷笑的だったりしたことはありません。ジフコフが共産主義を本当に信じていたかどうか、それはわかりません。むしろ彼は自分自身を信じていたのではないかと思います。そして、彼が気にしていたのはもっぱら自分の出世と地位だったのだと」

ふたりを結びつけていたのはパルチザンとしての過去と口の悪さだった。

「我々の政権が揺らいでいると言う人もいる。牡羊の玉だって揺れるが、落ちやせん！」ある工場の操業開始時にジフコフはこう述べたとされている。

「我が国の女性たちは党への手紙で、仕事が多すぎると不平を言っている。私の意見では、もしそうなら、手紙を書く暇もないだろう」これはクバディンスキが……〈女性の日〉に述べたもの。

「ジフコフがこれほど長く君臨したのは、モスクワの政権についていた全員と共通言語を見つけることに長けていたからです」イリヤ・フリストフは言う。「ソ連でミハイル・ゴルバチョフが君臨しはじめたときは、まれに見る不条理でした。ジフコフは日に日に……ペレストロイカやグラスノスチや民主化の必要性を説きはじめたのですから！　もし共産主義が崩壊しなければ、ジフコフはゴルバチョフにもおべっかを使って、国を支配しつづけていたんじゃないかと思いますね」

だが共産主義陣営の変化はさらに大きく進んだ。一九八九年六月、ポーランドで最初の自由選挙が行われた。数カ月後、ドイツ人はベルリンの壁を壊し、ルーマニア人はニコラエ・チャウシェスクとその妻を銃殺した。

地域全体が沸きたっていたが、ブルガリアで公然と抗議したのは、共産主義者に迫害されていたトルコ人だけだった。ようやく十一月初めになって、新たに召集されたブルガリア・ヘルシンキ委員会が、ソフィアで最初の合法的なデモ行進を組織した。参加者はわずか八千人とはいえ、共産主義国ブルガリアの日々はすでに残り少なくなっていた。

「ブルガリアで共産主義が崩壊したのは、かなりの部分クバディンスキのおかげです」イリヤ・フリストフは言う。「一九八九年、ペタル・ムラデノフ指揮下の改革論者らがジフコフに政権から退くよう要求したとき、彼の声が優勢を占めました。この最も重要な投票に至ったとき、クバディンスキはジフコフに反対票を投じました。その際――自分自身の経歴にも反対票を投じたわけです」

牡羊の玉は一九八九年十一月十日についに落ちた。公式には――ジフコフの「老齢と過労」を考慮して。

「一九九〇年、政権と野党との円卓会議が始まり、その直後――民主化が続きました」歴史学者フリストフは言う。「クバディンスキをブルガリア人は二つのことで記憶しています。まず第一に、彼は大の狩猟愛好家で、あらゆる狩猟組織の名誉会長でした。第二に、ブルガリアで最初の、そして長年にわたって唯一のオフロード車、トヨタを持っていたのです」

3

クバディンスキの戦争体験は、ブルガリアの時代を超えた連続ドラマ『一キロメートルごとに』の制作者たちにインスピレーションを与えた。ある回で、やはり共産主義パルチザンである主人公は、ブルガリア兵の罠にはまる。助けが来るという秘密のメモを、彼は熊使いたちから受け取る。美しいロマの女が踊りで兵士たちの注意を引きつけている間に、彼女の仲間が囚われの共産主義者と話すのだ。

「熊使いたちはおそらく他にも多くの状況でブルガリアのレジスタンス運動を助けていたでしょう」ジャーナリストのクラシミル・クルモフは語る。「彼らはメッセージを伝えたり、軍の動きを知らせたりした。トルコの軛《くびき》からの解放を求める戦いの際にしていたのとまさに同じように。鍵となったのは熊使いの歌、多くの連からなる物語で、あまりに面白いため、おしまいまで聴かずにその場を離れることはだれにもできなかった。それは連続テレビドラマのようなものでした。その先がどうなるか、どうしても知る必要があるのです。歌はしばしば愛国的な性格を帯び、ブルガリアの蜂起参加者の小競り合いや、黒い瞳の恋人や、邪悪なトルコ人について語っていました」

ドリャノヴェツの熊使い、ゲオルギ・マリノフは私たちに、彼自身が唄っていた、その前は彼の父親と祖父が唄っていた、ある歌の内容を話してくれた。

あるハンサムで裕福な若い新郎の家族が、婚礼に近隣の名士全員を招待する。司祭も、郡長も、その近辺に住んでいるほぼ全員を招待するが、あいにく、意地悪で有名な隣家のトルコ人を忘れていた。

結婚披露宴はすばらしくうまくいき、皆が大量のラキヤを飲み、新婦の美しさと新郎の富にうっとりとした。だが、トルコ人を招待しなかったことが、家族の心に棘のように刺さっている。一方で――彼は占領者であり、意地の悪いことで知られていた。しかし他方では――隣人だった。そして伝統に従えば、どんな隣人にも敬意を払うべきなのだ。

こうした状況でどのように振る舞うべきか、家族は長い間思案する。ついに新郎は兄弟と一緒にトルコ人のところへ行き、さまざまな菓子をすすめる。

彼らはハルヴァをすすめる――トルコ人はいらないと言う。

飴はどうかと言う――トルコ人はこれもいらないと言う。

ケーキを運んでくる――トルコ人は嫌そうに背を向ける。

新郎の家族はこうした状況でどうすべきかを数日間話し合う。ついに彼らは再びトルコ人のところへ行き、あなたのために特別にもう一度、宴を開きましょうともちかける。そこでトルコ人は主賓となり、新郎新婦のすぐ隣に座ることになる。

トルコ人はまたもや断る。ただ、もし新婦が自分の膝の上に座ってくれるなら、腹を立てるのは止めると付け加える。

ブルガリア人の家族にとってこれは屈辱にほかならない。まともな娘や妻は決して知らない男の膝の上には座らないし、トルコ人占領者の膝に至っては言語道断だ。そこで若い夫は再びトルコ人のところへ行き、斧で頭をぶちのめす。トルコ人は死ぬが、夫は他のトルコ人の報復から身を隠さねばならない。この歌のメッセージは明らかだ。トルコ人は汝の敵。彼らにあまり多くを許さないようにしよう。

「こうした歌はいくつかの方法で機能しました」クラシミル・クルモフは言う。「歌は占領者との戦いを支えました。士気を高めました。そのうえ熊使いたちは歌で本物の情報を伝えたのです。レジスタンス運動のための隠された合図を。残念ながら、だれもそれをきちんと書き残さなかったので、この魅惑的な世界は最後の熊使いたちと共に消えていくでしょう」

4

若く美しい娘は、髪をほどくと、絶望から川に身を投げ、人生に別れを告げようとする。娘は一度も男と寝たことはなく、処女だったが、大きくなっていくお腹は明らかに妊娠していることを示している。バルカン半島の小さな社会において腹ボテの未婚の娘は家族の恥であり、呪いなのだ。自殺が最善の解決策のように思われる。

ところが実にめずらしいことが起きる。娘が川へ近づくと、川が退くのだ。それを追って娘がもう一歩踏み出すと、川はさらに退いていく。すると川からひとりの男が出てきて言う。「娘よ、むざむざと己が命を奪ってはいけない！　なぜならあなたは、人間のように働く熊を産むために選ばれたのだから」

娘は村に戻り、数カ月後、本当に熊を産む。*

バルカン半島の熊使いたちは、自らの職業の起源について、こんな伝説を長年語ってきた。

熊使いの歴史を調査してきたイスタンブールのサバンジュ大学のペリン・テュナイドゥンは、熊使いに関する博士論文を書いている。「子供のころ、イスタンブールで踊る熊を見たのを憶えています」ボスポラス海峡を臨むカフェで彼女は私に語る。「子供にとってそれは驚くべき光景でした――野生の動物が後ろ足で立って踊るなんて。ロマたちは夜になるとタクシム広場近くの小さな公園の木に熊たちをつないで置き去りにしていました。そしてある朝、彼らが公園に戻ってくると――なんと熊がいません。

一夜のうちに国は熊を調教して踊らせることを禁止したのです。それで夜中に警察がやって来て、熊を没収したのです。苦情を言う相手さえいませんでした。彼らはしばらく辺りを歩き回って文句を言い、家へ帰りました。このことはわたしに強い印象を与えたに違いありません。数年後、まさにこれをテーマに博士論文を書きたいと確信したのですから」

人間が熊を飼い馴らそうとした最古の証拠は——テュナイドゥンが論文[**]で書いているように——現在のフランスで見つかった熊の顎の骨である。顎の変形具合から、この動物は囚われの身であったことがわかる。科学者たちの計算によると、この骨は紀元前六千年のものだった。

だが、それは踊る熊ではなかった。踊る熊はロマたちと共に別の方角からやって来た。インドからである。専門家はそう主張している。なぜなら第一に——この移動の全ルートに沿ってそれが見られたからで、今日でもパキスタンで見ることができる。インドで熊の踊りが禁止されたのは、せいぜい数年前のことだ。

第二に——インドの熊使いは自分たちの熊を、ポーランドやブルガリアの熊使いとまったく同じ方法で調教していた。どちらも熊の鼻に金属の輪を通していたのだ。まさにゲオルギ・ミルチェフ・マリノフが自分のヴェラにしたように。

＊　エレナ・マルシヤコヴァ、ヴェセリン・ポポフ『ブルガリアの熊使い（伝統と現況）』（"Bear-trainers in Bulgaria (tradition and contemporary situation)", *Ethnologia Bulgarica* 1, 1998）による。

＊＊　ペリン・テュナイドゥン『ヨーロッパにおける熊踊りの歴史を振り返る』（Pelin Tünaydın, "Pawing through the History of Bear Dancing in Europe", *Frühneuzeit-Info* 24, 2013）。

かつて熊に踊りを調教する主要な施設がバルカン半島、ロシア、ポーランドにあった。最も有名なのは――ポーランドにあった、熊使いたちの宿営地でいちばん陽気なバラックだ。ここスモルゴニェ〔現ベラルーシ領スマルホニ〕においてカロル・ラジヴィウ公〈親愛なる旦那様《パニェ・コハンク》〉がロマたちに土地を与え、踊る熊のためのアカデミアを設立させたのである。熊を飼っていて、芸を教えたいと思う者は、スモルゴニェに熊を預けて調教してもらった。最高の熊使いたちが熊と共に数シーズンを過ごし、踊りやゲームを教えた。

どんな?

たとえばロマはこう言った。「熊ちゃん《ミーシャ》、農夫が賦役に行くところを見せてくれ」すると熊はかがんで、うめき声をあげ、頭を抱えた。

それからロマはこう言った。「ミーシャ、今度は農夫が賦役から帰ってくるところを見せてくれ」すると熊は背筋を伸ばし、元気を取り戻して、行進するように足を動かした。

またロマはこう言った。「ミーシャ、コシチューシコ〔一七四六―一八一七。アメリカ独立戦争に義勇兵として参加、帰国後はポーランド分割に反対して蜂起したポーランドの英雄〕がポーランドに戻ってくるところを見せてくれ」すると熊は敬礼し、兵士みたいに足を動かした。

スモルゴニェのアカデミアについて次のように書いたのは、ロマに関する著名な専門家、イェジィ・フィツォフスキである。「この目的のために「ラジヴィウ」公の森で捕獲された若い熊たちがアカデミアに連れてこられた――施設には多いときで数十頭もの熊がいたこともある。（中略）ここに常勤する十数人のロマが、飼育と調教に携わっていた。この教育機関における学習はおよそ六年間続いた。ロマの熊使いたちは国王の許可証を得ると、卒業生と共に世界へ散らばっていった（後略）***」

さらにフィツォフスキは、考古学者で歴史家のエウスタヒ・ティシュキェヴィチ伯爵による著作『リトアニアの家庭生活の情景』を引用している。伯爵の父親は「真のリトアニア人として、家の台所でつねに熊を飼っていた」。お気に入りの熊に踊りの才能があるとわかるや、勉強のためスモルゴニェに送られた。「ここでは生徒を登録する際の面倒がヴィルノ〔現リトアニア領ヴィリニュス〕よりも少なかった。というのも洗礼証明書も天然痘予防接種の証明書も必要なかったからだ。生まれ育ちの証拠はあまりに明白だった」とティシュキェヴィチは書いている。さらに、「ロマは熊に、いかにして後ろ足で立ち上がるべきかを教えた。そこは大きな部屋で、床の代わりに、真ん中に柱のあるタイル張りストーブが据えてあり、生徒の後ろ足はそこにつながれていた。ストーブは赤々と燃え、熊の後ろ足はゲートルと靭皮を編んだ靴に包まれている。そこに入れられた生徒は前足が焦げると、思わず後ろ足で立ち上がり、戸口に立つロマはその瞬間、警笛を鳴らした。こうして熊は慣れていき、その後は警笛の音を聞くだけで、足が熱くなるぞと思って、後ろ足で立ち上がっては、さまざまに体をよじるのだった」。

伝承によると、雌熊を好んだブルガリアの熊使いとは異なり、スモルゴニェの熊使いたちは雄しか受け入れなかった。ブルガリアのロマたちは、雌の方が調教しやすい、雄ほど攻撃的でないし、人を襲ったりしないと言う。しかしポーランドのロマたちは、雌を訓練するのは不名誉と見なしていた。彼らによれば、雌は子を産むべきなのだ。熊使いが仕事に使う熊が決して不足しないように。

ブルガリアではまた、熊は冬眠することも許されなかったが、スモルゴニェではもちろんできた。十

*** 詳しくは、イェジィ・フィツォフスキ『ポーランドの路上のロマたち』（Jerzy Ficowski, “Cyganie na polskich drogach”, Wydawnictwo Literackie, Kraków 1985）を参照。

一月一日から二月末までアカデミアは閉鎖され、いくつかの部屋に針葉樹の葉や枝が敷き詰められた。そこで熊たちは冬の眠りに入った。

ザクセン選帝侯が支配した時代〔一六九七―一七六三〕のポーランドにやって来たあるイギリスの使者は、ロンドンへの手紙に、「[この国で]最高なのはリトアニアのスモルゴニェ・アカデミアで、そこでは熊がダンスの練習をしている」と書いて、ポーランドの教育状況を笑いものにした。

スモルゴニェ・アカデミアは一八三〇年から翌年にかけての十一月蜂起の際、ロシアのツァーリ政権によって閉鎖されたが、ベラルーシのルカシェンコ大統領によって承認されたスマルホニ市の紋章には今でも熊がいる。市当局はアカデミアを記念して、市の中心部に噴水を設置する計画である。

一九一九年から三九年の戦間期にはまだ、「スモルゴニェ・アカデミアの生徒」という言い方は、ポーランドでは本物の侮辱だった。

ポーランドにおいて熊使いはすでに戦前に禁止されていたが、シンティ・ロマ〔中欧のロマニ系の集団〕出身のカロル・パルノ・ギェルリンスキの回想によると、一九五〇年代に彼がポーランド国内を旅した集団に、ふたりの熊使いがいたという。「もうあんまり踊らなかったな、むしろ人々を治療するほうが多かった」と彼は語った。「村人たちは信じていたんだ、いちばん賢い医者よりも熊の方が優れているって」

5

雌熊ヴェラはマリノフ家の人たちと十五年間共に過ごした。ほぼこれまでの全生涯を。というのもゲオルギ・ミルチェフ・マリノフがこの熊を買ったのは、生後わずか数カ月のときだったからだ。ヴェラの過ごした年月は毎年同じようなものだった。春と夏は村々の定期市や黒海沿岸の保養地を回り、芸を見せたり、撫でさせてやったりした。そのおかげで人々が宝くじに当たったり、健康になったり、もっといい仕事が見つかったりするように。

秋と冬、ヴェラはマリノフ家の中庭の真ん中にある木の杭につながれ、半ば冬眠状態で過ごした。

だがある日、ヴェラの生活にいつもと違う出来事が続けざまに起こりはじめ、彼女の熊の頭はそれについていけなかった。

まず緑色の服を着た人たちがやって来て、彼女をケージに入れ、何時間もかけて車でどこかに運んだ。

それからケージごと移動した部屋では、何もかも白かった。

そこで刺すような痛みを感じたあと、眠りに落ちた。目を覚ますと——彼女の鼻には何か妙なことが起きていた。何だか小さくなったようだった。何かが足りなかった。

また痛みも止んだ——それ以前、鼻の痛みは彼女にとって呼吸のように当たり前のものだった。

ヴェラはそのすべてを自分の熊の頭の中で整理することができなかった。前足で鼻面をつかんで何日も過ごした。うなり声をあげ、体を木にこすりつけた。前足を噛んだ。

鼻が木にも柵にもつながれていないことに気づいて驚いた。生まれて初めて自由に動くことができたのだ。

このすべてが何を意味するのか、この新たな状況にどう対処すればいいのか、ヴェラにはさっぱりわからなかった。

「うちにいる熊たちは生まれてこのかたずっとホルカをつけていました」ベリツァの〈踊る熊〉園の園長ディミタル・イヴァノフは言う。「それは体の一部を切断されたようなものです。または個性の一部を。その一部が、彼らを奴隷にしていたのです」

輪っかの大部分は、〈四つ足〉のプロジェクト責任者、ドクター・アミール・ハリルがみずから外した。彼はその作業が好きだった。これは熊たちにとって非常に特別な瞬間だと考えていた。象徴的な意味で熊を自由に戻すことだと。

「私たちはつねに麻酔下でそれを行います。熊たちは輪っかがなくなるとさまざまな反応を見せます。数日間、違和感を覚えて、顔に前足を当てたまま途方に暮れる熊もいます。ヴェラがそうでした」

ヴェラは何日も前足を鼻に当てて、ホルカを探した。生まれてからずっと痛みを与えられていたのに、ホルカがないことにうまく対処できなかった。まるで奴隷でいるのに慣れてしまって、予期せぬ自由を脅威と見なし、痛みよりも恐れているかのようだった。

スタネフ家から引き取られたミマにも同じことが起きた。

だが、数分後には申し分ない気分になる熊もいる。これまでの生涯を通して痛みを与えてきたあの金属がどこにいったのか、まったく不思議に思いもしないのだ。

ミショとスヴェトラがそうだった。ホルカを取りはずされたことに対して、それがないのがごく当然であるかのような反応を示した。二頭はたちまちグループ内で自分の地位を求めて戦いはじめ、その後――愛の営みに取りかかった。ホルカがないことには一分たりとも興味を持たなかった。

6

自由は熊たちに徐々に与えられる。

鼻からホルカをはずしたあと、一日か二日は、洞穴を模したコンクリートの部屋で過ごし、新たな状況に慣れる。

洞穴から園の特別区域に放たれ、そこで他の熊たちと対面するが、彼らとは金網のフェンスで隔てられている。他の熊たちのにおいに慣れ、彼らを目にし、彼らのそばで餌を食べるが、彼らとの物理的な接触はまだない。現在この区域にいる唯一の熊、モンティは園内でいちばん若く、二歳足らず。職員たちは、他の熊がモンティをいじめるのではないかと恐れている。だからモンティは少なくともあと一年はこの最初の区域にとどまる。

「これを社会化と呼ぶことは難しい。なぜなら熊は元来、単独で暮らす動物だからです」イヴァノフ園長は言う。「でも、他の熊たちと生きることを学ばねばならない時なのです。彼らのにおいや彼らの存在を受け入れなくてはならない。すぐにできる熊もいれば、数カ月かかる熊もいます。我々は熊たちを観察しながら、日々の会議のどれかで決定します。今はまだその時ではない。あるいは、試してみる時だ、と」

熊たちが自由になって最初に学ばねばならない最も重要なことは、自由にもそれなりの限度があるということだ。

限度とは彼らの場合、園全体の周囲にめぐらしてある電気柵だ。ここにそれが必要なのは、熊たちが園から、彼らが生き延びることができない外の世界へ逃げ出さないようにするためだ。だから特別保護区内では何をしてもいい――好きなところへ行けるし、好きなものを食べたり、寝たり、遊んだり、セックスすることもできる。

電気柵に触れさえしなければ。

「幸い、熊は大変賢い動物です」イヴァノフ園長は言う。「たいていは一度、せいぜい二度、柵に触れれば十分です」

V　本能

1

ディミタル・イヴァノフは黒々とした顎鬚を生やし、革ジャケット（これも黒）を着て、自分の仕事にひたすら専念している。熊の話になると、エモーショナルになり、身ぶり手ぶりを交え、顔の表情さえ、この仕事にどっぷりはまっていることを示している。

会話が人間の話になると、そうはいかない。年齢は？　三十代。専攻は？　生態学。夢は？　熊たちがよりよく生きること。それと、もちろん他の動物たちも。

人間に関する私の質問をイヴァノフは雄弁な沈黙でやりすごす。

〈踊る熊〉園の園長になったのは五年前。以来、ほとんどの時間を自分が世話する生き物たちと過ごしている。

イヴァノフが情熱を注いでいるのは、熊の本能を鍛えることだ。

「熊を自然に戻すのに、他の方法はありません」イヴァノフ園長は言う。

2

「よく憶えています、両親が初めて私に踊る熊を見せに連れていってくれたときのことを。それは春で、ロマがひとり、私たちの小さな町にやって来ました。この人たちが熊をいかにひどく苦しめているか、そのときはまだ知りませんでした。それを当然のこととして受け止めていたのです。私たちは、熊が後ろ足で立ち、ロマがグスラを弾くのを見物し、父さんが酒手をはずみました。自分がそれを気に入ったのかどうかさえ憶えていません。ただロマと熊という情景だけ。それは長年ブルガリアで起きていたことでした。つまり、親が子供たちに踊る熊をごく当たり前のこととして見せていたわけです。ときたまロマがやって来る、熊を連れている、じゃあ見に行こう。それのどこが悪い？　いや何も。こうした考えを我々から追い出してくれた組織で働いていることをうれしく思います。おそらく我々だけではどうにもできなかったでしょう。〈四つ足〉の圧力があって助かりました。彼らはヨーロッパ全体で熊使い反対運動を展開する方法を知っていたのです」

〈四つ足〉は、一九八八年にオーストリアの環境保護活動家が、農場で飼われている毛皮用の動物や鶏の飼育状況に抗議するために設立した。現在十二カ国に事務所がある。動物保護団体として初めて、自然災害の現場に動物たちを助けに行くチームを召集した。地震やハリケーンのあと、たいていの人は動物のことなど憶えていないものだ。また、スリランカ、ウクライナ、コソボ、ブルガリアでは、野犬の去勢などの大規模な国際プログラムも行っている。年間予算の数百万ユーロは、すべて寄付で賄っている。

ベリツァの熊園は〈四つ足〉の代表的なプロジェクトのひとつだ。十二ヘクタールの土地の七つの区域に二十七頭の熊が暮らしているが、そのうち一頭――最年少のモンティ――だけは踊る熊ではなかった。ある男が自分のレストランの呼び物として飼っていたのだ。

「我々の仕事の意味を理解するには、この熊たちがどのように踊る用意をさせられていたのかを知る必要があります」イヴァノフ園長は言う。「熊の鼻につけられていた輪っかについてはすでにご存知ですね。ロマがグスラの弓を持つ手に鎖のついた棒も持っていて、その鎖の先に熊の鼻があったことはご存知ですか？　熊は弓に追いつこうとして、それがまるで音楽のリズムに合わせて踊っているように見えたわけです。ところが実際は何もかも痛みから逃れるためにしていたことでした。熊たちの一生は絶え間ない痛みの連続でした。加えてひどい餌。適度な運動の不足。ストレス。

今日、園内のかなりの熊ががんにかかっています。もともといた三十五頭のうち、五頭ががんで死にました――カリンカとミレナが二〇一〇年に、イサウラが二〇一二年に、マリアナとミトクが二〇一三年に。そのなかではイサウラが最年長で、三十五歳くらいでした。

人間と共に暮らしてきた彼らは、いまや人間と同じ病気にかかっているのです。

園では定期的に健康診断を行っています――血液、血圧、尿、体温などの。餌には栄養強化剤を加えています。つねに糞を調べて、寄生虫がいないかどうかチェックしています。

しかしそれでも、園の職員が予期していなかった状況は起こります。

雄熊のミトクは二〇一三年初めに体重が減りはじめました。それも急激に。一カ月でほぼ半分にまで減ってしまいました。食欲がなく、一日中、自分の区域を歩き回っていて、給餌のときに姿を見せませんでした。
獣医は糞の検査から始めました。消化管に寄生するランブル鞭毛虫がいるのではないかと思ったのです。しかし顕微鏡で見ても何も出てきませんでした。
ミトクはケージに入れられ、ケージごと救急車でソフィアに運ばれて、そこで超音波による精密検査を受けました。その結果、腎臓と肝臓と消化器系全体にがんがあると判明しました。ミトクはベリツァにはもう戻ってきませんでした。全身に転移していて、治療には適さなかったのです。その場で安楽死させられ、首都の火葬場でその日のうちに焼かれました」

一方、イサウラがかかったがんは非常に複雑だったため、イヴァノフ園長でさえ病名を憶えていない。それは左頬の小さな点から始まった。園では、それは湿疹か何かで、数日すれば消えるだろうと思っていた。だが一週間経ってもそれは消えるどころか、逆に大きくなりはじめた。

獣医はイサウラの血液検査をした。結果は悲劇的だった。赤血球、白血球、すべてが不足していた。

「何かがイサウラを内側から食い尽くしていたのですが、それが何かはわかりませんでした」園のある職員は言う。

短期間で点は斑点に変わった。その斑点はまず頬から上唇に、次に下唇に広がった。二週間足らずで目に達した。

その間、イヴァノフはイサウラの鼻面の写真をソフィアに送った。「一時間後、我々はイサウラを永遠に失ってしまうことを知りました」と彼は言う。「我々に残された時間はほとんどないのだと。その忌々しいものは恐ろしい速さで成長していましたから」

ひと月後、イサウラはもう死んでいた。

イヴァノフ園長曰く、「自然界ではとても強くて鼻風邪もひかない動物が、人間との接触によって、糖尿病、がん、肝硬変、白内障といった病気にかかるのを見るのはつらいものです。私たちは自分にしていることを彼らにもしているのです。すみません、質問をもう一度言っていただけますか？　ああ、これは種としての我々が悪い証拠だとおっしゃるのですね。我々自身が悪い食べ物やストレスやアルコールによって自殺しているのだと。まあ、そのとおりかもしれません」。

3

園の職員によると、彼らの仕事とは観察して問題に対処することだという。しかし何よりも——本能を目覚めさせること。熊を自然に帰すこと。イヴァノフ園長が言うように、奴隷熊を殺して、それぞれの熊がそうあるべき、自由で強く独立した野生の動物を目覚めさせることだ。

基本的な問題は、自然界にいる熊は一日の四分の三を餌を探して過ごすということである。一方ベリツァでは用意された食べ物が彼らのところへ運ばれてくる。だから日中、何かする必要がある。

そのため、園の職員の主な仕事は創造的な給餌、つまり簡単に言えば、食べ物を隠すことだ。熊に目覚めさせることができる最初の本能のひとつ、それは狩りの本能である。「まあ言ってみれば、食べ物を探す本能です」園の職員たちが訂正する。「だって熊たちは狩りをするのではなく、私たちが隠した餌を探すのですから」

食べ物は園のあちこちに隠されている。たとえば木の洞の中に。熊はまず、においを嗅ぎ、発見し、それから木に登ってそれを引っぱり出さなくてはならない。あるいは地中に埋められている。石の下に。あるいは細かく刻んだ鶏の心臓が広いエリアに散らばっている。「すると熊たちは、それを全部拾って食べるために、相当働かなくてはなりません」

職員たちはまた、さまざまな興味深い道具を考案している。たとえばナッツを筒に入れたもの。そこからは一粒ずつしか取り出せない。熊は満腹になるまで、頭を使っていろいろ工夫しなくてはならない。あいにく——と園の職員たちは言う——熊はとても頭がいい。たとえばミショは、ナッツを一粒ずつ引っぱり出すのに飽きて、筒を木にぶつけて壊し、中身を全部食べてしまった。

「熊たちが集中する一分一分が私たちにとっての成功です。筋肉よりも頭を使ってほしいですからね」こうした状況で園の職員たちは言う。そして、もっと頑丈な筒の組み立て方を考える。次はミショに壊されないように。

熊の餌は季節に合わせている。自然界でちょうどその時期に彼らが食べているものに。私たちが春に初物を食べるように、彼らも初物を食べる。夏にはたくさんの夏野菜と果物を。秋にはプラム、リンゴ、梨、ナッツを。

当初はナッツを一年中与えていたが、それだとかなり太りはじめた。これはいけない。ドイツにある、ベリツァと同様の熊園には、極端に肥満した、体重四百キロ超の熊が暮らしている。だからベリツァの熊たちがナッツを与えられるのは秋だけで、これは冬眠に向けて少々脂肪をつけておくためだ。

そんなわけで、彼らはほぼ理想的な食事をしているのだが、ただ小麦のパンをやめさせることができない。残念だ。というのも、小麦のパンは熊の消化器系を壊してしまうから。だがもう、こうした餌に慣れているので、パンをやめさせようとするのは、彼らにとって害になるだけかもしれない。

イヴァノフ園長の夢は、熊たちの中に本物の肉食獣の本能を解き放つことだ。ただ、いったいどうすればいいのか⁉「もちろん、ここに鶏を入れて、うちの熊たちが飛びかかるかどうか確かめることはできます」園長は考え込む。「でもそれでは、あらゆる生き物が敬意を払われるべきだという我々の価値観に反する。そんなことは絶対にしません」

こうした状況でその本能をいかに鍛えるのか？　これは非常によい質問で、イヴァノフはその答えをここ数年間探している。そして彼にはひとつのアイデアがある。近い将来、二本の木の間に正方形にロープを張るつもりだ。そのロープに死んだ魚を結わえつける。特別なモーターを使って、魚は正方形の中を上下左右に動く。熊は空腹を満たすため、魚を捕まえざるを得なくなる。

アラスカの熊にとっては少しも問題ではないだろう。そんなことは毎日やっているのだから。だがベリツァの熊たちにとっては相当な挑戦だ。そして何分も何分もかかって、ようやく彼らの注意を引くことに成功する。

だがイヴァノフ園長は言う。この遊びの最中、自分の教え子たちを注意深く観察しなくてはならないと。「我々より前にこんなことを試した人はいません。何世代にもわたって人間と一緒に暮らしてきた動物を自然に帰した人はいないのです。いくつかの懸念があります。我々がパンドラの箱を開けているのかどうかは、わかりません。我々は熊たちの頭の中のロックを次々と解除しているのです——これが我々をどこへ導くのか、だれにもわかりません。野生の熊なら二日もあれば、ここから出る方法を見つけるでしょう。電気柵なんか全然問題になりませんよ。彼らははるかに自信があり、より創造的です。いつの日か、うちの熊たちもこの電気柵に突進し、柵を壊して森に行くでしょうか？　そうなれば私たちにとっては成功でしょうが、他方、それは私たちの敗北でもあります。なぜかって？　なにしろ野生では、うちの熊たちは一週間も生き延びられないでしょうから。これについては喜んでお話ししますが、もうじき給餌の時間です。若い者たちがパンを運んできました。行きましょう、パンをまくのを手伝ってください」

4

ミショ、ミマ、スヴェトラ、ヨーロッパ最後の踊る熊たちは、ベリツァでの最初の二日間を、人工湖を訪れたり、体を木にこすりつけたり、隣の区域の熊を眺めたりして過ごした。

数日後、ミショとスヴェトラが互いに好意を抱いていることがわかった。ミショはスヴェトラの周りを歩きはじめ、これまでうなっていたのとはまったく違う調子でうなり声をあげた。園では、彼女にセレナーデを歌ったんだと言って笑っている。

自由が彼のはらわたを目覚めさせたのだと。

スヴェトラはその愛を受け入れた。自分の真価を知っていて、すべての忠誠が自分に向けられるのが当然だと知っているお姫様みたいに。ミショを目にすると、彼女は何かに忙しいふりをした。何でもよかった。食べることでも、プラスティックの筒からナッツを取り出すことでも、毛をこすりつけることでも。だが彼女は、最年少の雌のミマをミショのもとから追い払いはじめた。ミマが立ち去ろうとしなかったとき、スヴェトラに前足で数回鼻面を殴られた。血が出るほど。

　イヴァノフ園長曰く、「互いに好意を抱いているなんて、うれしかったですよ。園ではそうした恋愛は初めてでしたから。攻撃性ですか？　それは熊の性質の一部であって、それが現れたら、彼らのルーツへの回帰の一部と見なすべきです。我々は、熊たちが自分の感情を表現できるようになってほしいのです。怒りが現れた場合、攻撃はそれを和らげる自然な方法です。私たちが熊を〈ゼロ〉区域から別の区域に出すときには、これを考慮しなければなりません。もちろんすべて我々の管理下にあるとはいえ――殺し合いを許すわけにはいきません。

　第一区域は、おとなしい熊向け。

　第二区域は、より支配的な熊向け。

　第三区域は、最強かつ最も攻撃的な熊向けです。そこにはボビー、チャーリー、ダナ、ナトカ、ラダがいます。ラダは本当に小柄な熊で、体重わずか百二十キロですが、支配的に振る舞うのが好きで、他の二つの区域では問題がありました。

　我々は展望台に座って、熊たちがどのように振る舞うのかを観察し、そして考えます。どの程度の攻撃性なら彼らに許せるのかを。すでに限度を超えたのか、それとも、もうしばらくクールダウンする時間を与えた方がいいのかを。

　彼らは区域内で支配的な側と支配される側に分ける必要があります。でも我々はそうしたくありません。なぜかというと、他の熊より虐げられていると感じる熊がいなくなれば、ほんの少し爪を振るったり、フーッとうなったりしても、それで終わるからです。

しかし、もしもいずれかの熊が虐げられていると感じたら、その熊はおとなしくしているでしょうが、やがて爆発して、他の熊に飛びかかっていく。ここではまだそうしたことは起きていませんが、いつなんどき発生するかわかりません。頭に血が上った熊は、互いに殺し合うことさえあるのです」

Ⅵ　冬眠

1

熊たちに自由を取り戻すために、また、ベリツァでの熊との仕事全体にとって要《かなめ》となることがある。

それは冬眠だ。

つまり野生の熊たちが冬に眠ること。

園の職員にとって、これは大きな試験だ。もしも熊たちが眠ってくれれば大成功。眠らなければ、失敗だ。

囚われの身の熊はまったく冬眠しなかった。彼らは彼らの飼い主と同じように暮らしていた。半冬眠のようなものや嗜眠に陥る熊もいたが、冬の間じゅうずっと、いつもどおり動きつづけ、いつもどおり食べつづけて、数カ月間眠れるだけの十分な脂肪組織を蓄えていない熊もいた。

冬眠はまた、熊にとって機知と自尊心を試すものでもある。もしも熊に自分の世話ができる——つまり、まず厳しい時期に備えて脂肪組織を蓄え、それから適当な場所を見つけ、最後に穴を掘って巣をつくり、ついには眠りに落ちる——という自信がついたなら、それはすなわち熊との仕事が実を結んだことを意味する。

2

熊の冬眠は自然現象だが、完全には説明がつかない。第一に、冬眠する動物の体温はたいてい著しく低下する。だが熊は違う。熊の場合、三十六度から三十五度へ、たった一度低下するだけだ。いつでも容易に目を覚ますことができ、耳は聞こえていて警戒は怠らず、だれかが近づきすぎたりすると、熊は起き上がる。

第二に、熊は冬眠の間ずっと排泄しない。三、四カ月間、尿も糞もせずに眠る。どうしてそんなことが可能なのか、だれにもわからない。

第三に、彼らは数カ月の間、同じ寝相で横たわり、しばしば一センチたりとも姿勢を変えない。しびれもしなければ、床ずれもしない。その後、何事もなかったかのように起き上がって、食べ物を探しに行く。

3

ベリツァの熊は暇を持てあましているので、何かしなくてはならない。以前は来る日も来る日もロマのために働いていた。踊ったり、さまざまな芸をこなしたりしなくてはならなかった。

ところがここでは突然、丸一日、自分のものになった。

熊はそれですっかり困っている。もしも野生下で暮らしていたら、一日の四分の三は食べ物を得るのに使っていただろう。だがここでは給餌されている。残りの時間を一体どうすればいい⁉

ベリツァの熊たちが時間をやりくりできないという事実は、冬が近づいたときに最もよくわかる。「冬眠とは、より厳しい時期に備えなくてはならないということです」イヴァノフ園長は言う。「脂肪を蓄えておいて、雪が降ったらそれを使う。準備しておかなければ死ぬかもしれない。つまり、ベリツァで彼らは死にはしません、我々が助けますから。でも我々は何もかも、この熊たちが自然界で生きているようにしてやりたいのです。可能なかぎり干渉はしません」

二〇〇九年にセルビアからやって来たエレナは、年間を通して優秀な進歩を遂げ、区域のリーダー格になり、石の下に隠されたごちそうを手に入れる方法を最初に見抜いた。

だが冬が近づくと、突然エレナは愚かになった。初雪が降ると、ぐるぐる円を描いてさまよい歩くようになり、すっかり混乱していた。エレナの体はこうした状況に対する何らかの手がかりを示そうとしていたが、エレナはそうした合図をまったく理解できずにいた。それに応えることができず、衝動的に反応した。一日中、分離不安障害の子供のように、うろうろ歩き回るようになった。ほとんど餌を食べなくなった――これはまったく意味がなかった。なぜなら冬眠前こそまさに最もたくさん食べるべきなのだから。

こうした状況でどうすればエレナを助けることができるか、園全体で考えた。

〈四つ足〉のスタッフは、何か別のことでエレナの興味を引こうとした。食べ物をまったく新しい場所に隠してみた。だがそのころエレナはもうほとんど食べなくなっていた。

エレナを別の区域に移してみた。すると、エレナはさらにストレスを感じるようになった。彼らは地面に穴を掘って、エレナにどうすべきかを示そうとしたが、駄目だった。

そのとき、だれかが小屋を作ることを思いついた。犬小屋みたいな、ただもうちょっと大きいのを。園の職員たちはすぐに数枚の木の板で小屋を組み立て、木の葉を敷き詰めた。これが大当たりだった。エレナは雪掻きを始め、歩き回るのをやめて、三日後に冬眠した。

「それ以来、毎年冬用に五つか六つ、そうした小屋を作っています」と園の職員は言う。「去年、小屋を使ったセイダは、実際自分で地面に穴を掘ったのですが、その穴は崩れてしまいました。軽い嗜眠状態で私たちが作った小屋のひとつにやって来て、さらに眠りつづけました」

4

最初の数年、冬眠した熊はわずか数頭だった。

二年前は、十八頭にもなった。

でも、いちばんよかったのは去年で、二十七頭のうち二十六頭が冬眠した。

もちろん、熊たちがすべて自分でできるようになれば、もっといいだろう。「これからもっとできるようになるだろうか?」イヴァノフ園長は考える。「だが、熊を放っておいて、何もかも自分たちで対処できるようになるまで待っているわけにはいかない。自由とはおそろしく複雑なものです。少しずつ与えなくてはなりません。冬眠とはつまり、うちの熊たちが自由への道を歩んでいるということです。もはや今日という日のみを生きているわけではない。厳しい時期に備えることを学んだのです」

Ⅶ　ライオンをアフリカへ

ここ数年、〈四つ足〉が踊る熊たちに関わる仕事は落ち着いている——すでに全頭がロマから引き取られ、ベリツァの熊の楽園に収容されたのだ。だからといって、園の職員が新しい職探しを始められるというわけではない。なぜなら組織は次の重要な目標を見つけたからだ。どんな目標か？　ライオンをアフリカに送ることだ。

ディミタル・イヴァノフはみずからすでに二頭送った。

「ライオンを買うのは、お金があり余っていて、それをどう使ったらいいかわからない人たちです」と彼は言う。「我々が最初に知ったのは、メルニク近くに住む、麻薬で稼いでいた男でした。話によると、彼はアンフェタミン工場を持っていたが、その後もう十分に稼いだと見るや、工場を閉鎖して、国の北部のきれいな湖のほとりにホテルを開いた。ライオンはそこのレストランの呼び物として飼われていました。

熊の場合と同じく、我々は目的を明確に定義する必要がありました。

目的――ライオン。

任務――ライオンを解放すること。

ライオンは、ライオンの、ライオンのために、ライオンと共に、ライオンについて。

まず私はそのホテルのレストランを調査しに行きました。そうした遠征には周到に準備をしなくてはなりません。ブルガリアで私はかなり頻繁にメディアに出ているので、テレビや新聞で見た私の顔にだれが気づくかわかったものじゃない。こうした旅行において、私の最も重要なルールはこうです。本来の自分よりも愚かに振る舞え。いちばんいいのは、大莫迦者のふりをすることだ。

そこで私はサングラスをかけ、麦わら帽子をかぶり、無知な観光客の顔をして、そのホテルに直行しました。そして、子供たちをここに連れて来たいんだ、すばらしい呼び物があるそうじゃないか、と言う。すると向こうは、ええ、もちろんですよ、と答える。

二つ目のルールはこうです――相手が餌に食いついたら、できるかぎりたくさんしゃべらせておく。私はただしかつめらしくうなずくだけ。せいぜい、たまにあまり賢いとはいえない質問を挟む程度です。その点、このホテルは理想的でした。もうフロントですべての詳細を教えてくれましたから。それがどういうライオンで、どのくらいの間そこにいるのか、餌は何を食べさせているのか。最後に写真を数枚撮りに行きました。

そうした記録を持って、私は警察に行くことができました。

しかし、ここでしばしば難しい局面が始まるんです。ブルガリアの地方では大型ホテルのオーナーは顔が利きます――役人、警官、市長、全員知り合いです。そして彼らも昼間はうなずいて、確かに私有地でライオンを飼うことは法律違反だと言うでしょう。でもその後はすべてを引き延ばし、妨害方法を考え出す。何だと——俺の友だちのライオンが連れて行かれる？　というわけです。すると彼らは、警察はそうした動物を輸送する訓練を受けていないと言い張ります。そして、一年後にまた来い、できれば五年後に、その間に訓練しておくからと言うんです。変革はそれなりにあるかもしれませんが、ブルガリアでは、ある種の物事はこの先も長いこと変わらないでしょう。

　こうした状況で何ができるか？　もう少し上の段をたたく必要があります。すぐにソフィアに行くのではなく、その地方の行政機関に行くのです。そこでは例の地元のコネはもはや通用しませんから、だれかしら助けてくれる人が見つかります。彼らは、我々の組織が省庁とも議会とも良好な関係を持っていることをよく知っています。そして我々がつねに、望めばもう一段上をたたけることを。

　環境省には地方支部があります。建前としては、こうした案件はこの人たちが担当すべきですが、彼ら頼みにしていたら、いまでもロマたちは相変わらず熊に鎖をつけてブルガリア中を回っていたことでしょう。国家公務員の月収は八百レフで、あいにく彼らの主な心配事は、いかにだれの不興も買わないようにするかということです。自分たちが失業しないように。

　それで我々はすべて自分たち自身でやらねばなりませんでした。

ライオンを没収するための書類を全部集めるのに数カ月かかりました。ついに書類が揃い、ライオンを差し押さえてくれる警察と、ライオンの健康状態を調べて、必要なすべての書類にスタンプを押してくれる獣医もいます。我々は現場に行き、ホテルのオーナーにこう言います。おはようございます、あなたはライオンを飼っていますね。ブルガリアの法律ではライオンを飼うことは違法です。私たちはライオンを没収しに来ました。動物の引き渡しをお願いします。

男は我々を、警察を、我々の書類を見る。まじまじと見て、たぶん思案しているのだ――だれに電話できるか、何とかなるだろうか、と。ようやく、頭の中で何かを慎重に選び、門を開けてこう言う。

『そういうことなら仕方ありません。どうぞ』

簡単じゃないか、と思うでしょう？　私も最初はそう思って驚きました。でもその男はただ、我々にはライオンを連れていく手段がないから取り上げられることはないと思い込んでいたのです。ちょっと話をして、注意を受けるだけで、ライオンは残るのだろうと。でも門を開けて、獣医とうちの職員たちが乗った救急車が入ってくるのを見てようやく、これが冗談ではないことを理解しました。

男は激怒し、怒鳴りだしました。ああいう人たちは、怒鳴ってもいい相手と、よくない相手を完璧に嗅ぎ分けます。男がからんだのは私でもなければ、〈四つ足〉のスタッフでもなく、警官でもなかった。彼が選んだのは獣医でした。彼は、ライオンに麻酔を打とうとしていた獣医の耳元に立った。そして怒鳴りに怒鳴ったんです。

『クソッ、だれがあんたに免許出したんだよ⁉』彼はわめきました。『ライオンに麻酔を打つやり方わかってんのか？　だいたいライオンを見たことあんのかよ⁉』

獣医はぶるぶる震えだしました。無理もありません。男は身の丈二メートルで、いまにも私たちに殴りかかりそうな様子でしたし、警官たちは何も起きていないふりをして、自分たちの車のそばに立っていました。我々はライオンを連れてここから立ち去るけれど、彼らはここに住み続け、道で男とすれ違うこともあるでしょう。そして、この獣医は知っている――もし男が自分を標的に選べば、だれひとり自分を助けてくれないことを。

私はなんとか彼を助けることができたでしょうか？　残念ながら無理でした。私にとって最も重要なのはライオンです。私はライオンをできるだけ安全に救急車に乗せ、飛行機で南アフリカに送らなければならない。そして実際そうなりました。

同様のジレンマを、十数カ月後、二頭目のライオンを私有地から引き取ったときに経験しました。そのライオンを飼っていた男は長年、トルコとの国境の税関長を務めていました。煙草やガソリンや人身の密輸――そのすべてと引き換えに賄賂を受け取っていました。それでひと財産築いたのです。

我々は複数の独立した情報源から、その男がライオンを飼っていることを知りました。写真を撮るのは難しかった。私は数カ月間、周辺を回ってみましたが、手伝ってくれる人はいませんでした。結局その男はみずから私たちの前に姿を現すことにした。自信満々で、ある色刷り新聞のインタビューを受け、妻と共に自分の家屋敷を案内したのです。記事のハイライトはライオンと一緒に写った大きな写真でした。『のどをゴロゴロ鳴らす私たちのお友だち』――キャプションにはこうありました。

自分で墓穴を掘ったのだから、待つことはありませんでした。数日のうちに我々はチームを編成し、彼の家へ向かい、警察が名乗りをあげ、我々はライオンの没収に関する書類を見せます。

男は留守だが、妻はとても感じがいい。『違法だというなら、もちろん、ライオンは引き取ってください』と言う。お返しに、罰金はできるかぎり少なくしますよ、と私は約束する。妻は私に感謝の言葉さえ述べ、我々を家の中へ通しかけるが、ただこの一部始終を夫に伝えねばならない。

夫に電話すると、突如状況が一八〇度変わる。ほどなく妻は電話を警察の指揮官に渡す。警官が硬直するのがわかる。そして聞こえるのはぽつりぽつりとした『はい《ダ》。はい《ダ》。はい《ダ》。はい《ダ》』ばかり。

それから警官は電話を妻に返すと、私にこう言う。最新情報によると、この家にライオンは一頭もいません。少しして建物の裏手からどこへともなく一台のジープが走り去るのが見える。

主《あるじ》の妻は突然姿を消し、戸口に宮宰のような人物が現れる。『ライオン？』彼は驚く。『どんなライオンです？　だって皆さんご存知じゃありませんか、ライオンの飼育は違法だと……』

我々はしぶしぶ、家とその周辺を捜索する。ケージもあって、つい先ほどまでここに動物がいたという痕跡——食べ残しや排泄物もある。だが警察は証拠を集めようとは思いもしない。『ライオンの存在は確認されなかった』と報告書に書く。これで我々はベリツァに戻れる。

一週間もしないうちにライオンの飼い主が私個人の携帯電話に電話してくる。『あれを引き渡す、だが警察抜きで、証人も、罰金もなしだ』

私は一瞬たりとも躊躇しない。ライオンが最も重要なのです。私が救わなければ、男が射殺するかもしれません。こうしたケースはたくさんありました。ライオンが子猫のように小さくてかわいく見えるうちは飼うが、成長すると——親しい猟師を雇うか、みずから武器を手にして殺してしまうんです。

近くの森で会う約束をする。我々は救急車で近づき、宮宰みたいなその男はライオンの入ったケージを車で運んでくる。我々はケージを受け取ると、それを警察まで運ぶ。そこで、ライオンが町中を勝手に走り回っていた、と証言する。町の公園で捕まえてケージに入れることができました、それがこれです。

本当はどうだったのか皆が知っていますが、ここはブルガリアです。そんなことは必ずしも書類に書かなくてもよいのです。

我々は調書に署名し、ライオンは麻酔を打たれて、二日後には南アフリカ行きの飛行機に乗せられている。私は、熊を救うことに加えて、他の動物たちも助けることができるのをうれしく思います」

Ⅷ　去勢

1

園の管理課と職員一同は熊の本能を引き出し、自然に戻すことにますます成功しているけれども、残念ながらベリツァの町の地域社会は、近隣に〈踊る熊〉園を持つほどには成熟していなかったことを悲嘆と共に書き留めておかねばならない。

なぜか?

なぜならイヴァノフ園長が熊やライオンの命を救うことについて美しく語るとき、ベリツァの住民はまったく的はずれな発言をするからだ。

たとえばこんな質問をする。「ライオンを南アフリカに送るための航空券はいくらするんですか?」

あるいは「熊を飼うのに毎月いくらかかりますか?」

あるいは「餌代はいくらですか?」

こうした質問に対するよい答えはない。もし園側が答えなければ、人々は数百万レフの金額をでっちあげ、真実として報道しはじめる。だが、たとえ正しい金額を公表したとしても、事態は好転しない。

たとえば、熊一頭につき月々の餌代は四百ユーロだ。
熊園全体の月々の維持費は二万ユーロ。

こうした金額は秘密ではないが、ベリツァの住民は園を批判するのにこれらを悪用する。園の財政の話になるといつも比較を始める。それだけあればベリツァの住民を何人養えるか、冬の燃料をどれだけ賄えるか、何人の子供に靴を買ってやれるか、何人の生徒に学校給食を無料で提供できるか――子供の栄養失調というのは、改革後ほぼ四半世紀が過ぎても、ブルガリアの地方では依然として大きな問題なのだ。

月々の餌代が四百ユーロと耳にするや、彼らは怒髪天を衝く。ベリツァで毎月それだけの収入がある家族は少ないし、ここでは多くの家庭が子だくさんだ。

そして住民がこうした大金を合計すると、熊の方が自分たちよりもずっと配慮されているという不愉快な結論に達する。熊たちが機転や小競り合いの解決や冬眠を教えられているとき、熊たちのためにプールが造られ、遊び場が熊たちの必要に合わせられているとき、ベリツァの住民は放っておかれたままなのだ。自由については熊たちよりも長い間学んでいるとはいえ、この変革に際して自分たちをサポートしてくれる専門家チームはいない。

「熊に生まれてこなかったのを後悔しています」元ベリツァ町長ハッサン・イランは、園の予算と町の予算を見比べながら、かつて苦々しげにこう言った。

園の職員たちはそうした発言に極力耳を傾けないようにしている。矛先になるべきは自分たちではないことを、よく知っているのだ。なにしろ〈四つ足〉財団が資金調達に成功しているのは熊やその他の動物のためであって、変革のプロセスの中で戸惑うブルガリアの地方住民のためでないことは、彼らのせいではないのだから。ベリツァの住民が文句を言うべき相手は自分たちの行政府であって、自分たちの運命の改善もそちらに期待すべきであり、熊を気にすべきではない。

2

こうしたあらゆる誤解にもかかわらず、園の職員たちはベリツァとその周辺地域の住民との良好な関係を優先事項のひとつと見なしている。熊園を訪れてもらえるよう、ありとあらゆる働きかけをして、良好な関係に投資しているのだ。町のあちこちに、解放された熊の写真が載った看板が設置されている。町役場は熊を使ってインターネットで町を宣伝している。だがさらにその先へ進むため、園の職員らが思いついたのは、毎年ベリツァの学校の生徒たちをイースターのお祭りに招待することだった。

　最初の年は念入りに準備した。ゲームあり、道化師あり、ちょっとしたおやつも出て、遊び場には子供たちを楽しませる芸人らもいた。催しは見事に成功した。だから、招待した子供の親たちが町でしているのが、「熊が逃げたらどうなる、人間を襲って食べはじめるぞ」とおしゃべりすることだけだと知ったとき、園の職員らの落胆はいかばかりであったか。「いい催しですねとか、子供たちが喜んでくれてうれしいとか、好意的なことを言う人はひとりもいなかった」ある職員は愚痴をこぼす。「その代わり、だれもがこう訊いた。『あんたらは、ちゃんとこの熊たちを管理できるんだろうね?』私たちは答える。『ええ、だって電気柵と高いフェンスがありますから』すると人々は言う。『それはいいが、熊が穴を掘ったらどうなる?』私たちはそれに答えて、『監視カメラがありますから。熊がそんなことを始めれば、すぐにわかります』それに対して、ある男がこう訊く。『木の枝を伝って逃げようとしたらどうするんだ?』もうがっくりですよ!」

　幸い、数年経っても熊は一頭も逃げなかったし、加えてベリツァ出身の数人が園で働きはじめた。地元の人々は引退した踊る熊たちに慣れていき、何もかも彼らの関係はよくなる一方であるかのように見えた。

　あいにく、その直後にベリツァの住民は、熊のところへ数カ月ごとにドイツから歯科医のマルク・ローゼ博士が来ていることを知った。そしてまたぞろ噂話が始まった。どうして熊のために特別な歯科医を呼べるんだ、ベリツァの住民の九〇パーセントは治療費がなくて、穴だらけの歯のままでいるか、歯が一本もないっていうのに。「詰め物をする余裕のある人はほとんどいません」地元の歯科医、リリャナ・サマルジエヴァは、赤い屋根の小さな家で患者を診ている。「ほとんどの場合、抜歯するだけです。患者さんがやって来て、わたしが治療は三十五レフ、抜歯は二十レフと言うと、たいていいつも同じ、抜歯です。それに多くの人は抜歯する余裕さえありません。どうするかって? つけで抜くんです。いつかお金ができたときに返しに来るでしょう」

「熊の歯の治療をそんなふうに見るべきではありません」ディミタル・イヴァノフ園長は言う。「だれもあの人たちの歯を故意に折ったわけじゃない。でもここの熊たちは故意に苦痛を与えられていたんです。そもそも多くの熊たちが最初は何も噛むことができず、我々が助けなければ、飢えて死ぬか重病になっていたでしょう。本当に哀しい光景ですよ、救い出された熊が胡桃を、まず顎の左側で、次に右側で噛もうとするのを見るのは――噛みたくても全然うまくいかないのがわかるんです」

3

しかし、町と熊園の間で最大の騒動が持ち上がったのは、そもそもの最初のことだった。当時の園長は、できるだけ大勢の住民が新たな隣人に会いに来てくれることを望んでいた。

特別な車両が提供され、それに乗れば希望者はだれでも園に行って熊を見ることができた。園内はすべて公開されていて、人々はあらゆる場所に連れていかれた――展望台へ、小さなカフェへ、売店へ、そして熊の食料貯蔵室へと。

ちょうど季節は春で、熊の餌はこの時期に自然界で彼らが食べているものに完全に合わせてあるので、食料貯蔵室には数箱のイチゴがあった。「それがきっかけでした」職員のひとりは語る。「我々の仕事に関する質問はまったく出ませんでした。何頭の熊を救うことができたか。それがいかに重要なことか、我々のおかげで世界的に有名になったベリツァの町にとっても、我々が野蛮な慣習から救ってやった熊たちにとっても。そんな話は一切なし。話題はひとつきりでした。熊がイチゴを食べている、ってことです。

『うちの子はイチゴなんか食べてないぞ、買う余裕がないからな』人々は言いました。『なのに奴らは熊に何箱も投げ与えてる』と。

そこにあったのは五箱で、熊一頭につきたった半キロのイチゴしかもらえないということは、もはやだれも勘定しようとはしませんでした。熊はイチゴを食べる必要がある、なぜなら我々がかりそめの自由を与えてやるからには餌もそうしなくてはならない——そんなことにも、だれひとり気づいていなかった。人々と話していると、そもそもうちの園のコンセプトを理解しているのか、私たちがここで行っている大きな変化の意味がわかっているのかどうか疑問に思います。ある男がいつだったか私にこう尋ねました。『教えてくれ、どうしてお宅の園は〈踊る熊〉園っていうんだ？　熊が全然踊らないのに』こんなのを耳にすると、もうがっくりですよ！」

4

「公式には、うちの園の周囲の山には約五百頭の野生の熊がいると言われています」イヴァノフ園長は言う。

「このことが我々の保護下の熊にどんな影響があるのか、我々は長い間考えてきました——周囲の野生の熊たちと、自由と隷属の間のどこかで宙ぶらりんになっている熊たちと。テラスに出ましょうか、どうぞご覧ください。目の前がピリン山脈。あそこ、あの斜面で、去年二頭の子熊を連れた雌熊を見ました。左手はリラ山脈です。ここではよく単独の雄を見かけます。ここが縄張りなのでしょうね。やはり左手からは時折、別の雄がやって来ます。

　彼らの縄張りに突然三十頭もの熊が現れたら、当然興味を持つでしょう。何らかの反応を示すはずじゃないですか？

我々は、彼らの間の相互作用がどんなものになるか思案しました。うちの雌たちは野生の雄を惹きつけるだろうか？　園のフェンスを越えてつがいになるだろうか？　逃げようとするだろうか？　そうした考えには何かわくわくさせられるものがありました。無論、それは我々のさまざまな計画を揺さぶりかねない。しかし他方で――我々は決して彼らに野生の生活に関する知識を与えることはできないが、野生の熊たちには、それができるかもしれない。

しかし、すぐに明らかになったのは、野生の熊はうちの熊にまったく近づかないということでした。フェンスに近づきもしません。無視するのです。においと関係があるのだろうか？　飼育下の熊は違うにおいがするのだろうか？

ひょっとすると野生の熊たちは感じ取っているのではないか？　ここで探すものはない、だって雌は避妊手術を施されているし、雄もどこかしら変だから、と。

あるいは、ここには人間が多すぎるから、まともな熊は、たとえ雌のにおいがしても近寄ろうとしないのでは？　まともな熊は、野生で、力強くて、自信に満ち、独立している。ひょっとして彼らは、うちの熊たちがそうではないと感じ取っているのかもしれません。彼らと種を存続させていく価値はない、と。

5

「残念ながら、悲しいけれど、これが本当の結論です――うちの熊たちが暮らしている場所は見せかけの自由を与えられているにすぎない。これは我々の選択ではありません。我々としては喜んで彼らをここに一、二年とどめて、それから森に放し、あとは自力でやってくれと言いたいところですが。でも人生の大部分を囚われの身で過ごしてきた者に、野生でうまくやっていくチャンスはないのです。

人間と似てると思いませんか？

いつの日か園の電気柵を取り払って、熊たちを自由にしても、一年と生き延びられないことは間違いありません。冬眠する場所を見つけられずに凍死するか。雄の縄張りに侵入して、その雄に殺されるか。あるいはごみ箱で食べ物をあさって、だれかに撃ち殺されるか。

ルーマニアにある〈四つ足〉の支部にはみなしごの熊が持ち込まれます。猟師が母熊を撃ち殺し、だれかが子熊を見つけ、子熊はそこで二年間暮らすと、その後、野生に放たれます。残念ながら効果は乏しい。五歳まで生き延びた熊は一頭もいません。自然界でも子熊はしばしば命を落とします。年長の雄がライバルを排除するため、成獣になる前の子熊を殺すことさえあります。他の捕食者にとっても若い熊は美味しいごちそうになります。

ですが、自然界で死ぬのは三〇から四〇パーセントなのに対し、このルーマニアの熊園では全頭死ぬのです。

人間はまた別の問題です。ほんの数年前まで、熊のいる光景はブルガリアにおいて特にわくわくさせられるものではありませんでした。リラ山脈には五百頭余りいますし、たまにだれかが熊を目にするのは普通のことでした。

でも私たちが西洋化するにつれて、自然との触れ合いに対する人々の反応は次第にネガティブになっています。数年前ある男が一頭の熊に殺されました。するとたちまち、熊が多すぎるから撃ち殺さなくてはと人々が口々に警告を発するようになった。私はカンカンになりました。あるテレビ局からコメントを求められたので、こう言ってやりました。だれかが川で溺れたからといって、その川を干上がらせようと言う人はいませんよ、とね。自然の傍らで暮らすなら、ときにその代価を払わねばなりません。多くの西側諸国は私たちブルガリア人に成り代われるなら何だってするでしょう。だって彼ら――たとえばドイツ人やオーストリア人――は自国の自然をもはや完全に破壊してしまったのですから。

6

「ドイツの態度を完全に例証しているのが数年前に起こった状況です。ドイツでは数年ぶりに野生の熊が目撃されました。イタリアからやって来たのです。メディアではヒステリーが沸き起こりました――野生の熊だ、すぐに牛を殺しはじめるだろう、次は人間の番だ、と。

その熊は数日後に撃ち殺されました。だれにも危害を加えなかったにもかかわらず。

私が恐れているのは、数年後ここも同じようになることです。

7

「うちの熊たちに話を戻すと、彼らは――歯がなくて、白内障で、情緒面での問題を抱えている――

野生ではチャンスがありません。普通なら母熊が自分の子に与えてやる教育が彼らには欠けているから、なおさらです。

　自然界では幼い子熊は生まれて最初の二年間を母親と過ごします。母親は子供にすべてを教えます。アラスカの研究者たちは、熊のレッスン全体を録画しました。母熊は子熊を川へ連れていき、魚を捕まえるにはどのように前足を置けばよいかを示します。

　うちの熊たちが自分の子に何を教えられたでしょう？　おそらく、車が来たら、すぐに食べ物にありつけるということくらいでしょうか。あるいは、自分で冬眠用の穴を掘れない場合、顔に毛を生やした人間がやって来て、板で小屋を建ててくれることとか。

　残念ながら、うちの熊たちは、においだけでなく、ものの考え方も奴隷なのです。二、三十年の間、だれかが自分の代わりに考え、仕事を与えてくれて、何をすべきか、何を食べ、どこで眠るべきかを教えてくれるのに慣れていました。これは熊にとって理想の生活ではなかったとはいえ、彼らはほかの生活を知らなかったのです。

　だからこそ我々は、うちの熊全頭を去勢しなければならないと決めました。彼らを見ていると気の毒です。毎年春になるとロマンスに出くわし、それから子熊が生まれるのを待っているんです。そして、その子熊たちが現れないと、驚いたり、いらだったりします。

　でも残念ながら、そうせざるを得ませんでした。そしておそらく、これからお話しする問題は、まさにそこに端を発しているのです」

IX　踊る熊たち

1

ドブリ〔「いい子」の意〕という名の熊にとって最もストレスの多い日は、ベリツァにかつての飼い主がやって来る日だ。

園ではだれもその名を思い出せないし思い出したくもないそのロマは、西ヨーロッパのあるテレビ局が制作したブルガリアのロマの生活に関するドキュメンタリー番組の主人公だった。プロデューサーは天才的なアイデアを思いついた。熊を取り上げられた熊使いを取材するからには、彼らを再会させなくては、というのだ。

「私はその場にいました」ディミタル・イヴァノフ園長は言う。「ドブリは目が見えません。医者が白内障を治療したのですが、あの男が日頃から熊を殴って、視力を駄目にしていたことがわかりました。そしていきなり、数年後にベリツァで、ドブリはあの男の声を聞いたのです」

ドブリは立ちすくんだ。

草地に横たわった。

前足で鼻面を隠した。何かをお願いするかのように。

耳をぴんと立てた。

ロマは熊に向かって大声をあげ、手を振ってアピールした。涙を流して、ドブリのことを「俺の子」、「俺の熊ちゃん」、「俺の心」と言った。ところがドブリは草地に横たわり、前足を鼻面に当て、耳を立てていた。横になったまま動かなかった。

ロマは熊にリンゴを投げはじめた。他の熊たちはこの人間を知らなかったので、近づいていって食べたが、ドブリは食べなかった。

ドブリは身じろぎもしなかった。

「撮影スタッフのだれかが尋ねました。このロマは数年後のいま、熊を踊らせることができるでしょうか、と。私は言ってやりましたよ、そんなことをしようものなら、私があんたら全員を踊らせてやるぞって」

彼らはがっかりして帰っていった。

2

たとえイヴァノフ園長が自分の保護下の熊たちに、母親が自分の子の面倒を見るように十分気を配っていても、園内の熊たちが季節ごとに体の必要に応じた完璧な餌を与えられていても、松林やプールや十二ヘクタールの園のすべてが彼ら専用であっても、見事に訓練されたプロの職員が昼夜彼らの世話をし、あらゆる問題で彼らを助けようとし、それどころか（！）彼らが何を考えているのか当てようとまでしても、彼らには彼らの自由があって、日ごとにだんだん自由をうまく使いこなせるようになっていても、園の職員たちがしぶしぶ、ある種の戸惑いと共に口にすることが、ひとつある。

その戸惑いは理解できる。

こうしたすばらしい環境にもかかわらず、蜂蜜、イチゴ、ナッツ、冬眠用の小屋、園に投資された数十万ドル、ブルガリアおよび全世界での社会キャンペーンにもかかわらず、ブリジット・バルドー（彼女の基金が園の支出の半分を支弁している）や他の影響力のある動物愛護家たちの個人的な関与にもかかわらず、食べ物を石の下に隠しているにもかかわらず、ドイツの口腔歯科医が頻繁に往診に来ているにもかかわらず、血液と大小便の定期検診にもかかわらず、白内障は治療され、血圧は安定したにもかかわらず、適切なカロリー量を与えられているにもかかわらず、ホルカはいまや展示ケースの中で錆びついて、かつての調教師たちは心臓病やがんや肝硬変を患っているか、あるいはもう死んでいるにもかかわらず、こうしたすべてにもかかわらず、

ほぼすべての熊たちが
いまでも
踊るのだ。

人間を目にすると――後ろ足で立ち上がって左から右へと体を揺らしはじめる。まるで乞うかのよう

に――かつてのように――パンを、飴を、一口のビールを、愛撫を、痛みからの解放を。もうずいぶん前からだれひとり彼らに与えていない痛みからの。

3

さまざまな状況下でこれは起きるし――園の職員が言うには――当惑させられる。

ときには視野に人の影が見えるだけで十分なこともある。

ときには昔の生活を思い出させるにおい、たとえば香水のにおいなどを嗅ぐこともある。だれに予想できるだろう、園を訪れた女性のひとりが、たとえば、調教師の妻がいつも使っていたのと同じ香水をつけているなんて。あるいは調教師がつけていたオーデコロンを。あるいはどこかの子供が調教師の子供と同じにおいをさせていたら？

人間はそうしたにおいのニュアンスを捉えることができないが、熊の嗅覚は五感の中で最も発達している。自然界では数キロ先のにおいを感じ取ることができる。春、野生の熊たちは雪の中に深い穴を掘る。というのもその下に、雪崩に埋まったシャモアの死骸があるのをにおいで感じ取るからだ。園では、だれかのポケットにキャンディの包み紙が入っていれば、深く隠された記憶を呼び起こすのに十分だ。

ひょっとして彼らが踊るのは、狭い空間に熊がたくさんいすぎるからだろうか？　野生の熊が己の孤独を保つには、少なくとも三十平方キロの広さが必要だ。なぜなら孤独は熊の本性の基本的な部分だから。だがここでは一区画に数頭ずついる現状を受け入れなくてはならない。大部分の熊にはわずか二百五十平方メートルの広さしかない。

もしかすると園は熊たちの必要をまったく満たしていないのかもしれない。自然の状態を再現することも——ごまかしはやめよう、ここの環境は自然と同じではないし、それに、熊が成長し、これまでの生涯すべてを過ごしてきた環境とも違う。これは自由と隷属の間のどこかで宙ぶらりんになったハイブリッドなのだ。そしてこのことが熊たちを当惑させているのかもしれない。

熊たちが踊るのは、もしかして空腹や寝不足のときなのでは？　あるいは冬眠する時期だと体が合図を送る瞬間が来たとき、彼らはそうした合図をどうすればいいのかわからないのでは？

こうした場合、円を描くようにぐるぐる歩き回る、あるいは自己破壊といった強迫的な行動が見られることがある。ドブリは、自分をどうしていいかわからないとき、前足を噛む。血が出るまで。これをやるのは、いま何が起きているかを解く鍵が自分の頭の中に見つからないときだ。

だがほとんどの熊は後ろ足で立ち、それまでずっとそれと引き換えにパンや飴やアルコールをもらっていたのを同じことをする。

もちろん、彼らの行動のうちいくつかは踊りに見えなくもないが、実際には踊りではない。いつだったか、遠足に来た学校生徒の一団が拍手して写真を撮りはじめた。ミマが後ろ足で立ち上がったからだ。子供たちは熊が踊っているのだと思っていたけれど、実際ミマは空腹で、昼ごはんを乗せた車が来ないかどうか外をのぞきたかっただけだった。

だがたいていの場合、彼らの行動は非常に明白なので、現実を取り繕うことはできない。熊の生活にストレスが生じた場合、彼らは自分たちの脳の最も深い片隅に刻印されているものを試す。

「いつかはやめるのだろうか？」イヴァノフ園長は思案する。「年々そうしたことは稀になっていくとは思います。でも確信はありません。すでに申し上げたように、これは生きているものに携わる仕事です。ですから、ある日、何らかの外的要因の影響で、うちの熊たちが我々の教えたことを忘れて、全頭いっせいに踊りだしたとしても、私は驚きませんね」

X　結末

1

ゲツォヴォ村、ゼラニウム通りの秋、それはさまざまな色が木々からまっすぐ、かつての熊使いたちの家に降りそそぐ滝だ。ここにたどり着くには、EUの資金が届かず、おそらくすぐには届かないであろう道の一本を行く。あちこちでアスファルトは石と砂利と泥に代わる。

熊はもう六年前から村にいないが、私たちが熊使いについて尋ねると、ごく幼い子供でも道を教えてくれる。当時幼稚園に通っていた子たちは、放課後になると門のそばに立って、熊に飴玉を投げたことを憶えている。時折、熊使いの機嫌がよかったり、顔見知りの子に気づくこともあった。そんなときは熊をつないでいる鎖を解き、門のそばまで連れてきて、芸を見せてくれた。

それで私たちはブランコと滑り台のカラフルな線に囲まれた幼稚園の灰色の塊を見つける。

私たちが見つけた向かいの家はモルタルがはがれ、緑色の門にはブドウの蔓がからまり、ひとりの中年のロマの女が、私たちが熊のことに触れるやいなや、世界のこの地域のあらゆる言語で話しだす。

私に同行しているブルガリア人ジャーナリスト、クラシミル・クルモフは、自分が彼女とブルガリア語で話し、それから全部私にポーランド語に訳した方がいいだろうと言う。ロマの女は動揺している。

「あいつらわたしらを獣扱いしやがった」煙草を吸いながら女は言う。「わたしはイヴェリナ、熊使いの嫁で妻、ディミタルは舅、ヴェセリンは旦那だ。わたしがつらいのはね、スタネフ一家が熊をいじめてるって話が世界中に広まってしまったから。うちの舅みたいな、あんな熊使いはほかにふたりといなかったのに！」

「熊たちは自分の母親に従うようにあの人の言うことを聞いたもんだよ」年嵩のロマの女が言い足す。ディミタル・スタネフの妻、マリイカだ。

「舅は熊たちを愛し、熊たちも彼を愛してた」イヴェリナが付け加える。ディミタルの孫娘、ヴェセリナは言う。子供時代の最も幸せな思い出は、祖父と熊が新しい年の出し物を準備しはじめた春の日々だったと。

「ふたりは素手で取っ組み合っていた。ミショはおじいちゃんにわざと手加減することもあった」とヴェセリナは笑う。「おじいちゃんがもうミショを組み伏せたように思えたときは大満足なのがわかった。もうあと一センチか二センチで勝てる、と思ったそのとき、突然ミショが、ほとんど力を使わずに、ひょい！　っとおじいちゃんを倒したの。いたずらがうまくいったと鼻面で笑ってたほどよ」

ブルガリア最後の熊使いとして自分たちの熊を売ったのが、まさにそのディミタルと彼の息子たちである。

孫で、ヴェセリンの息子が、熊のミショと共にケージに閉じこもって出てこようとしなかったとき、窓に顔を向けて座っていたのが彼だ。

彼の病気がそのとき初めてみずからの存在を示したのだ。

「ミショがケージに入れられて連れ去られたとき、あの人は座っていて、心臓をつかんだまま、こうやって座ってました」妻のマリイカは言う。「数時間、何も言わずに座ってました。うちの女たち全員——わたし、娘、嫁たち、孫娘たち——が泣いていたのに、あの人はうんともすんとも。瞬きさえしなかった。わたしらは涙を見せないよう隅っこに隠れてましたが、あの人はどうでもよかったんです。わたしらに気づいてもいませんでした」

2

ディミタルの墓は村はずれの墓地にあって、何世紀のものか神のみぞ知る石造りの十字架や、それより新しく建てられた、尊敬されていた住民やあまり尊敬されていなかった住民の墓、あらゆる墓を例外なく覆う草むらに囲まれている。

嫁のイヴェリナはコーヒーの入った陶製のカップと途中道端で摘んだ花を手に我々の車に乗り込む。花は舅の写真の下に、コーヒーは小さな墓碑銘板の上に置く。

「わたしを見るといつも大声でこう言ったんだ。『うちの大切なお嫁さん、コーヒーを淹れてくれ！』って」イヴェリナは語る。「ときには日に三、四回も。だからここに来るときはいつもコーヒーを持ってくる。舅が好きだった、ミルクなし、砂糖なし、コーヒー小さじ一・五杯のを」

「棺にはアコーディオンを入れてやりました。子供のころから上手に弾いてたからね」妻は目を拭う。

「ごめんなさい、普段はもうお墓の前では泣かないんだけど。でも今日は聖ディミタルの記念日。いつもこの日は一緒に楽しく、飲んで歌ったものです。うちの熊たちも美味しいものをもらって、わたしたちのために踊ってくれた。幸せでしたよ。でもいまは？　熊もいなけりゃ、あの人も、子供たちもいない。息子たちはギリシャに行かざるを得ませんでした。だってここじゃ仕事の見通しが立たないから。熊使いだった人の大半は出て行きました。あの人の弟ペンチョは最初タンクローリーの運転手をしてたけど、いまはギリシャにいて、建設現場で働いてます。義弟のステファンはイタリアです。ガソリンスタンドに勤めてましたが、いまは病気です」

私はディミタルの写真を見る。人造大理石の墓石に、口髭を生やした体格のよい男の写真が貼り付けられている。男の横には後ろ足で立ち上がるミショ。墓碑銘はこうだ。「長年にわたって、ヴァルナからゴールデン・サンズまでの子供たちを、踊る熊と共に楽しませてくれたディミタルに」

ディミタルは一方の手にミショの鼻につないだ鎖を持っている。

もう片方の手には、熊が踊るときいつも弾いていたグスラがある。

「そうだ、グスラだ！　ディミタルのガドゥルカはどうなりました？」と私は尋ね、クラシミルが私の質問をロマたちに通訳する。

「あの人はアコーディオンを持っていきました。ガドゥルカはわたしがあの人に持っていってやります」妻のマリイカが言う。

その後、墓地から家に戻るまでの間ずっと、私たちは沈黙する。

3

ディミタル・スタネフが病気になったのは熊がいなくなった直後のことだった。

「あの人はいつも家族の中じゃいちばん健康でした」妻のマリイカが強調する。「秋の終わりまで適当なものをかぶって外で寝ても平気で、鼻風邪さえ引かなかった。得意の演目は熊とのレスリングでした。腕相撲でこの界隈の全員を倒していたあの人が、急に草の茎みたいに弱ってしまって」

ラズグラトの医者に行った。それからシュメンへ。ヴァルナへ。

家の中を歩き回っていても、まるでそこにいないかのようだった。何か言いかけては、話の途中で言いたかったことを忘れた。

「おじいちゃんはいつもアコーディオンをそれは見事に弾いてた」孫娘は言う。「いつだったか春に、熊が連れていかれてから二年くらいあとだったかな、やっと機嫌よく起きてきた。この先も生きていかないとな、と言ってね。自分の民俗衣装とアコーディオンを持って、まずヴァルナに出かけ、それから電話してきて、知り合いと一緒にギリシャへ行くと言った。あちらでレストランを回りながら、アコーディオンを弾き、歌を唄って、お金を稼いだの」

「一カ月半、留守でした」妻は言う。「帰って来たときは、もっと悲しそうでした。『自分が莫迦みたいに思えた』と言ったんです。『ああいう歌は熊がいないと唄えない』って」

そしてまた閉じこもった。

一年で袋一杯の薬を集めた。こんな模造革の袋に。一つは高血圧の、二つめは肝機能の、三つめは腎機能の薬。家族はまだこの袋を持っている。捨てる気力がないのだ。

もしもディミタルが別の国で暮らしていたら、うつ病と診断してくれる医者に行き着いて、気分がよくなる薬を処方されたかもしれないし、ひょっとすると数回の外来診療の間に、熊が去った後の己の痛みについて語ったかもしれなかった。もしかしたら心理療法士が、彼がこのトラウマに対処できるよう助けてくれたかもしれなかった。自動車事故やがんで亡くなった人の親族を助けるように。なにしろミショは十九年間も彼の人生にいたのだから。

もしも熊を引き取った組織がもう少し違ったやり方で動いていたら、みずからそうした援助を申し出ていたかもしれなかった。こう推測するのは難しいことではない――ある人が生涯ずっとひとつの職に就いていたら、一夜のうちに何か新しいことを考え出すのは難しいのだ。たとえ彼の仕事が野蛮だと見なされても、ディミタルがミショと深い関係にあったことは否定できない。

だが、そうではなかった。〈四つ足〉は動物のことしか考えていない。もし彼らに熊使いについて尋ねたら、こう答えるだろう。「ロマの権利を扱う特別な組織があります。そちらに申し出るべきです」と。

4

ギリシャから帰って数カ月後、ディミタルは最初の心臓発作を起こした。自宅で。台所のテーブルと冷蔵庫の間で倒れたのだ。

救急車でラズグラトへ運ばれた。医師たちが言うには、彼の心臓は崩壊している。次の発作が起きたら——次の発作は単なる時間の問題です——生き延びられないでしょう。

ディミタルはさらにたくさんの薬と、何に対してもいらいらしないようにという指示をもらって帰宅した。彼はニュースを見るのをやめた。ラジオを聞くのをやめた。コーヒーも飲まないようにした。

ヴァルナの病院に入院したのは、軽い心臓発作のせいだった。そこからはもう戻ってこなかった。

「おじいちゃんが去年亡くなったのは、恋しかったからよ。ミショが恋しかったのよ」孫娘のヴェセリナは興奮してつっかえながら言う。そして泣く。

ミショはディミタルの死を、熊の頭では理解できない。おそらくわかっているのは、ある人がいたこと、長い間いたこと——ときに拳骨として、ときに飴玉として、ときにパンとして——そして、突然その人がいなくなってしまったことだけだ。

ときどきその人がミショのところに戻ってくることがある。においの中に、味の中に。するとミショは一瞬、自信を失う。だがそれは、彼が自由に向かって見事な進歩を遂げることを妨げはしない。

ミショは本物の、熊の餌を食べている。冬眠することを学び、自分で穴を掘ることもできる。硬い肉を嚙むのに邪魔だった歯根はプロの歯科医が抜いてくれたし、ホルカを通していた部分はすでに傷がふさがっている。

春が来ると、ミショは眠りから覚め、スヴェトラのところへ行く。シャイな十代の若者みたいに彼女の周りを歩き回る。近寄ったかと思えば、また離れる。長々とうなり声をあげ、木に体をこすりつけ、また近づく。スヴェトラはこの芝居を忍耐強く眺めている。

ついに二頭は互いに近づく。

種を存続させる試みは長くは続かない。事が終わると、スヴェトラは数週間至福に浸る。ひと月かふた月してようやく、何かがおかしいと気づく。すると彼女も、ミショも、踊りはじめる。それぞれベリツァの〈踊る熊〉園の別の片隅で。観光客向けパンフレットに載っているような園の。

第二部

Ⅰ　愛

パンはいつだって十分にあった。上等の酒。イチゴ。
板チョコ。チョコレートバー。できるものなら、おぶってやったろう。
だから、俺があいつを殴ってたとか、
俺と一緒にいたのはよくなかったとか言うなら、あんたは嘘つきだ。

キューバ――マクドナルド革命到来

「あの鬚男はもうあまり長くないね」グアンタナモからピナール・デル・リオまでの道すがら人々が口々に言う。

「もう死んでるが、口にするのを怖がってるだけさ。国民が悲嘆のあまり気が狂わないように」と皮肉を言うのはハバナのタクシー運転手、アルフォンソ。フィデルの死は間違いない。知り合いの義弟は政府系病院の救急救命士で、フィデルを自分の目で見たそうだ。その義弟によると、カストロは死にかけていた。「政府高官の間ではもう、後継者はだれか、新体制はどうなるかという話が出ている」とアルフォンソは言う。「共産主義はうまくいかなかったんだから、それは明らかだ。だが資本主義だってすぐに導入できるわけじゃない。だってそれは長い間何も食べていなかった人に、突然ハンバーガーを五個、一度に与えるようなものだからね。胃がもたない。ひとことで言えば、我が国の政治家たちはこうした変化に備えなければならない」

「どうやって備えるんです？」

「まあ、いつもの似たような場合と同じさ。彼らに何らかの特権を残すと確約するのさ。だれも彼らの財産を奪うことはないと。配下の連中はビジネスを始めることができるんだと。彼らと話がつけば、ここは変わるだろう。ポーランドや、東ドイツや、ルーマニアのように」

「政治家たちとはだれです？　ラウル・カストロですか？」

「いいや」アルフォンソは口をとがらせる。「これはもう彼の知らないところで起きている。カストロ兄弟の頭の中は冷戦レベルで止まってる。あんたも俺も名前を知らない奴らが勝手に話をまとめてるのさ。なにしろいつもそうやってきたんだから、これくらいはあんたも知ってなくちゃ」とアルフォンソは私を非難がましい目で見る。人生とは何かを知りもしないだれかを見るように。きっと彼の目に私はそう見えるのだ。例の義弟の確約とは裏腹に、私はカストロの死を信じないばかりか、体制がどう変わるのかも、まだ見当がつかない。

　ハバナ中心部にある小さな卵売店のオーナー、マリアは意見が異なる。「フィデルは生きてますよ。でも自分の周りで何が起きているのかは理解していない。人工的に延命させられているんです。そして実際、意思決定は彼の意識が及ばないところですでに下されている」

　マリアはカストロを病院に運んだ運転手と知り合いだという。「彼の手にボールペンを持たせて、何かに署名させるんだけど、彼の手を動かすのはラウルです」揺るぎない確信を持って彼女は言う。

「全部戯言よ」根っからの共産主義者、ミルルヒアは怒る。彼女の夫はある省庁に勤めているので、ミルルヒアが言うには、最も信頼できる最新情報にアクセスできる。「フィデル・カストロの容態は次第によくなっています、彼がキューバのためにあとどれだけ良いことをしてくれるかを見たら、あらゆる敵は驚くでしょう」と言い、だれかがこれと違った考え方をするかもしれないと思うと、彼女の喉は憤りに震える。

人の数だけ意見がある。多かれ少なかれ架空の友人知人たちの数だけ、それぞれ権力中枢の情報にアクセスできる。そして、カストロ兄弟の兄の方がついに死んだら、キューバがどうなるかについても、人の数だけ意見がある。

方向指示器代わりのブラシ

二〇〇六年、フィデルは深刻な内臓出血を起こし、いまにも彼の訃報が轟きわたるだろうと全世界が待ち受けた。当時ポーランドの〈ガゼタ・ヴィボルチャ〉紙のフォトジャーナリストだったアルベルト・ザヴァダと私は、キューバ人がこのニュースにどのように反応するのか見てみたいと思った。我々は島の観光の町バラデロへ飛んだ。楽園のビーチでは世界中から訪れた大勢の観光客が日光浴をしている。そこで我々は車を借りた。そこにあったうちいちばん安かった、プジョー206を。

安かったにもかかわらず、その車の赤いナンバープレートは我々を超人に変えた。

第一に、車を十日間借りると、少なくとも公式には、交通警官の二年間の稼ぎと同じくらいの費用がかかる。第二に、赤いナンバープレートをつけてキューバを走るのは主に観光客であり、大部分のキューバ人は彼らが落とすお金のおかげで生活している。警官に停止させられたのが一度だけで済んだのはそういうわけだ。我々がその警官に出くわしたのは、厚かましくも逆走している最中だった。警官は敬礼し、二度としないようにと礼儀正しく頼んだ。

第三に、自動車はキューバにおいて贅沢品だ。バスの運行は稀で、不規則で、しばしば故障する。方向指示器の電球が切れると、運転手はブラシを紐で取り付け、曲がりたいときは左に右に紐を引っ張る。それもブラシを買えるところがあればの話だ。どこかへ行かねばならないときは、だれもがヒッチハイクをする。ヒッチハイカー用の特別な停留所、いわゆる代替輸送ポイントまで建てられている。制服を着た職員が車を止めて、行き先別に振り分ける。何時間も待たされる。そんなわけでだれもが可能なかぎり我々の車に乗り込んだ。八日間で我々が乗せたのは次のとおり。

二十五人の農業労働者、
六人の制服警官と一人の私服警官、
四人の技師、
八人の看護師と二人の医師——全員白衣、
一人の司祭、地元の司教の助祭、
六人の兵士、
十二人の子供——通学または帰宅途中、
三人の妊婦と赤ん坊を抱えた四人の女性、

十二人の退職者とその他大勢。
合計——およそ百人以上。

真の共産主義者——「ブッシュは我々を殺したがっている」

我々はサンティアゴ・デ・クーバからマエストラ山脈への道をたどる。マエストラ山脈はフィデルが革命の指揮をとった場所だ。ここから彼はハバナ征服に出発し、一九五九年、ゲリラと共に、アメリカの支援を受けた大統領フルヘンシオ・バティスタの軍に最終攻撃をかける。

ここのジャングルは手つかずで厚かましく遠慮というものを知らないので、車を三十分停めようものなら、車内に侵入して、内張りを破壊し、ついには大きな口をぱっくり開け、我々をプジョーごと食ってしまうんじゃないかという気がする。緑は燃えるような色、それも一色ではなく、数十の異なる色合いの緑で、その間で、文中のカンマのように、色とりどりの鳥たちが動いている。

この場所は野生を残すために作られている。ここの道は、生い茂る緑と色とりどりの鳥たちが点在する山々の間に、だれかが偶然落とした鉛色の莫迦げたリボンのようだ。こんな道端に上品な太った五十代の黒人女性が立っている。我々は車を止め、彼女に乗るよう勧める。女は注意深く腰を下ろすと、スーツと漆黒の髪に留めたトーク帽を直し、我々は最寄りの町に向かう。

「ヴィテク」私は自分の愛称を名乗る。客はもう快適に座っている。彼女の名はミルルヒアといい、山で暮らしていて近ごろ病気になった母親を訪ねた帰りだということを我々はもう知っている。

「フィデク？」ミルルヒアは私の名を発音することができない。

「いや、フィデルじゃない。でも最高指令官《エル・コマンダンテ》の名が出たからには……」私はほくそ笑んだ。

こうして私は死にかけているカストロの話を始める。質問すること自体が不適切だ——鬚男を批判すると投獄される恐れがある。だが人々は、カストロ兄弟の兄の病気と、どうやら避けられそうもない死への旅立ちに感情的になっていて、驚くほど正直かつ率直に我々と話してくれる。カストロを愛する人たちも、罵る人たちも。

ミルルヒアは前者のグループに属している。

「彼に第二の人生があったらいいのに」悲嘆のこもった声で言い、またトーク帽を直す。

「どうして？」

「彼のおかげでわたしたちはアメリカに従わない最後の国になりました。わたしたちには、すばらしい教育と医療のシステムがあります。ここではだれひとり飢えで死んだりしません。アメリカに紐でつながれているドミニカやハイチを見れば十分です。あそこには食べるものがありません——わたしたちの国では店に行けば何でも買えます……」

ミルルヒアは私が出会った中で最も真正な共産主義者だ。彼女は党員で、地元の革命防衛委員会の委員長で、夫は省庁に勤めている。少なくとも本人はそう主張しているが、ヒッチハイクしているところを見るに、おそらく夫は下層役人だろう。スーツの襟に留めた革命の星の記章がミルルヒアに威厳を与えている。彼女はフィデルの写真を財布にも入れている。我々にそれを見せてくれる。まだ若い、白髪まじりの鬚を生やし、葉巻をくわえたフィデル。

「ああ、でも普通のキューバ人はそういう店には入れない」私はミルルヒアに言う。「商品がすべて揃っているのは観光客向けの店だけだし、支払いは兌換ペソ――外国人用通貨だ。一般の店の棚は空っぽでしたよ」

「無論、いくつかの問題はあります。アメリカ人はわたしたちの経済を弱体化させるために、あらゆることをしていますから……」

「あなたがたの経済とは？」

「サトウキビ、タバコ、世界最高の葉巻。十分でしょう？」

「一千百万人を養うのに？　さあ、わからないな……」

「それに観光客もいます。二百万人をはるかに上回ります。彼らは海沿い一帯を旅します。ハバナで彼らは二軒に一軒のレストランに座っています。ここマエストラ山脈ですら、わたしの母はほぼ毎日彼らを見かけていますよ」

それは本当だ。フィデルはソ連崩壊後、キューバが貧困の危機に瀕していたとき、観光客を受け入れはじめた。がらんとしていた保養地にふたたび外国人が現れるようになり、権力者の財布には現金ががっぽり入りはじめた。なぜなら観光ブームの陰にいたのはラウル・カストロの部下、主に軍人だったからだ。

「そんなに暮らし向きがいいなら、なぜこれほど多くの人が物乞いをしているんですか？　なぜこれほど多くの売春婦《ヒネテラ》がいるんですか？」

「誇りがないからですよ」ミルルヒアは憤慨する。「彼らは何もせずにお金を得たがる、でもキューバでは働かなくてはなりません。正直者は働いて稼ぐんです――失礼――ケツを貸したりするんじゃなく。わたしの両親が住んでいた村はおそろしく貧しかった。よく木の皮を煮たスープを食べたものですよ。今日わたしが持っているものはすべて、一生懸命働いて得たものなの。学校を卒業するとわたしは大学に行った。わたしは建築技師で、家を建てるのが仕事。わたしの最大の誇りはハバナ市立病院です。フロアのひとつを担当して、フィデル自身が祝いの言葉をかけてくれました。他のカリブ諸国でこんなことが可能ですか？　あの人たちはいまでも木の皮を食べているんですよ。わたしたちの愛しい鳩、フィデルが二百年生きながらえますように！　フィデルがいなかったら、連中はこの国を売春宿にしてしまうでしょうよ」

宿の主人――「時間の代金を」

マタンサス――同名の湾にある観光客の楽園――で朝食を取っていたとき、我々のゲストハウスに挑発的な服装の若い娘がやって来た。見たところ十七歳。赤いナンバープレートの車に引き寄せられたのだ。娘が語るには、祖母が重病なので、ぜひとも自分を車で送りとどけるべきだという。助けてやろうと思って、私は靴を履きはじめた。

宿の主人が私を止めた。「ふたりの間に何かが起きるまであの子はあんたに車でこの辺りを走り回らせただろうね」あとで彼はこう説明した。「それが起きようと起きまいと、あんたはあの子にお金をやる羽目になっただろう。一緒に過ごした時間の代金をね。この辺じゃ多くの人がそうやって稼ごうとするんだ」

いかに外国人からお金を巻き上げるか、先例は上から来る。フィデルは長年、ソヴィエト・ルーブルで生活していた。ソヴィエト連邦が崩壊すると、次のスポンサーを見つけた。ベネズエラのウゴ・チャベスだ。

フィデルの伝記を書いたドイツのフォルカー・スキールカはこんな笑い話《アネクドート》を引用している。「フィデル・カストロの名が初めて現れたのは一九四〇年、ホワイトハウスの記録である。サンティアゴ・デ・クーバのイエズス会学校に通う十二歳の生徒がフランクリン・D・ルーズヴェルト大統領に便箋三枚の手紙を送り、再選を祝福したのだ。生意気な署名の前に手紙の主は個人的な要求を追加していた。『できたら、ぼくにアメリカの十ドル札を送ってください。なぜかというと、そんなお札は一度も見たことがないので、一枚持っていたいからです』。カストロは大統領からの返事はもらえず、国務省からの感謝の言葉が書かれた手紙のみを受け取った。紙幣は入っていなかった。この少年が長じて、キューバにおけるアメリカの全財産を没収することになるとは、当時はだれも予想していなかった」。

「彼はキューバ人の全財産も没収した。だからキューバ人は観光客からできるかぎり没収するんだ。そういう形の歴史的正義なのさ」ある旅行会社の駐在員は笑う。

労働者——「女房を取り替えたいな」

ハンサムなムラート、ホセ・メンドーサは、〈小型車の王様〉のごとく後部座席でふんぞりかえっていた。彼が我々の車に乗り込んだのは、マタンサスからサンタ・クララに向かう高速道路、いわゆるアウトピスタ・ナシオナル（国道）でのことだった。時速約百キロで走る車の窓外を過ぎていくヤシの木の影は、この時刻だと並はずれて長い。巨大なサトウキビのプランテーションを何度か通過したが、そこの労働者を仕事場に運んでいくのはソ連製ジルの大型トラックだ。ホセは同僚を目にすると大声で呼びかけ、手を振って、今日は彼らと一緒ではなく、我々と一緒だという誇りで鼻高々だ。

「初めてだよ、中に寒くなる機械がついた車は」ホセは笑って、肌にエアコンの風を感じている。

「仕事に行くときに乗る車はぎゅうぎゅう詰めなんだ。俺が働いてるのはフェルナンド・デ・ディオス・アグロ＝インダストリアル・コンプレックス、サトウキビの大規模プランテーションだ。毎朝ジルが村々を回って俺たちを乗せて、故障しなければ、八時に仕事場に着く」

「いい仕事？」

「しんどいよ。サトウキビをマチェーテ（山刀）で収穫するんだ。一日十時間マチェーテを振るわなくちゃならない、猛暑のさなかに短い休憩を挟んで」

「稼ぎはどのくらい？」

「十ドル。ひと月で」

「それで足りるの？」

「女房も働いてる。俺は副業で煉瓦積みの仕事もしてる。農閑期には、給料を二倍にも三倍にもできる。三十ドルって言えば、かなりのもんだろ？　ここじゃだれもが副業で稼ぐ必要がある。弟は高速道路脇でチーズを売ってる。義理の兄は会社の車のガソリンを横流ししてる。おばは鶏を育てていて、オルギンの市場へ持っていく。女房は当局や役所宛ての手紙を代筆してるし、舅は人様の散髪をしてる」

「自分の人生で何か変えられるとしたら？」

「女房を取り替えたいな、もう飽きちゃったから。それと仕事。煉瓦積みをもっとたくさん、サトウキビ刈りをもっと減らせたらいいのに。でも文句は言えないな。自分の生活は結構まともだから。プランテーションにも文句はないよ。女房とも恋人ともそこで知り合ったんだ。最初は女房。職場の会計係さ。それに最近フアナと知り合った。女性グループのサトウキビ刈り労働者だよ。フィデル八十歳の誕生日を祝う壁新聞を一緒に準備したんだ。一緒にオルギンまで出かけて、ハバナの同志を呼んで、その同志が革命継続のためのサトウキビ生産の意味に関する講演をした。今日はオルギンで初デートなんだ」

「フィデルの健康についてどう思う？」

「百五十歳まで生きますように！」ホセは熱狂する。だがしばらくしてぼんやりする。

「どうした？」私は尋ねる。

「何でもない……。なあ、俺はときどき家から街中へ出かけるのが大変なことがあるんだ。ちょうど考えてたんだよ」ここでホセはいたずらっぽく笑う。「フィデルが死んだら、きっとまた壁新聞を作らなくちゃいけないんだろうなって」

サルサの女王――「わたしの爪はフィデルのため」

ブレスレット、ビーズのネックレス、貝殻、スカーフ。地毛と混ぜた巻き毛のエクステンション。大ぶりのイヤリングに長い爪。サルサのトップダンサーで先生でもあるアナは、私がこれまでの人生で見たうちで最も色鮮やかな人物で、足をまっすぐに伸ばし、片手を幾分横に曲げて、じっとしている。そのそばには夫でパートナーのオスバルド。

二時間前、ふたりは道端に立って罵り合っていた。バラデロの、とあるホテルで踊った帰りだった。車にただで乗せてもらったお返しに、我々をモヒートとサルサのショーに招待してくれたのだ。

ダックスフントみたいなラジカセがパチパチいい、部屋が最初の音に満たされる。ドラムが始まり、トランペットが加わり、ほどなくブエナ・ビスタ・ソシアル・クラブのイブライム・フェレール（我々のホストたちは彼と知り合いだったらしい）が愛について歌う――それは厄介だが、身を捧げる価値があると。オスバルドが一歩前に出ると、アナは退いて「否」と首を振る。彼は困惑して一歩下がる。すると今度は彼女が前に出る。そうやって同じ動作を何度か繰り返し、恋人たちの戦いを表現する。ふたりとも同時に相手を欲し、困惑しているのだ。音楽も、ダンサーと同じく展開していく。最後にふたりはしっかりと抱き合って、フィナーレとブラボー。観客は拍手喝采だ。彼らの息子とそのガールフレンド、娘とその子供たち、そして数人の観光客は。

これはアナ・サルサ・スクールの潜在的な顧客のためのショーだった。レッスンは一時間十ペソ〔日本円で約五十円〕。すべてが行われる小さな部屋は、昼間はサルサ教室だが、夜は彼らの住まいに様変わりする。ポ

熊使いが仕事へ出かける途中……

……自宅にて、出発前。

ステファン・ミルチェフ・マリノフ、熊と格闘中……

……戦いに勝利して。

自分の雌熊をステファンはソフィアの動物園から生後数カ月の子熊のときに手に入れた。母熊は、熊の飼育場に押し入った酔っ払いの兵士を殺したため、安楽死させられた。

ゲオルギ・ミルチェフ・マリノフと彼の愛する雌熊ヴェラ。

ブルガリアのある保養地で仕事中の熊。

ペンチョ・スタネフと彼の雌熊。動物園の園長が熊一頭に対して、あまりに多額の金を要求したため、ペンチョはこの熊を森で捕まえてきたという。

自然の懐でリラックスするひととき。

黒海沿岸にて、ペンチョと観光客。

ット、電話、古い冷蔵庫。壁や戸棚にはカーニバルの娘みたいに着飾った伝統的なキューバ人形が並ぶ。

「音楽はわたしの遺伝子に組み込まれているの」アナは言う。「祖父は戦前、有名なジャズミュージシャンで興行師でした。興行の呼び物はドラム演奏だったわ。それでもって全米とヨーロッパを巡業したのよ」

「ご両親は?」

「祖母は八人の子を産みました。母は——わたしひとりだけ。母は歌手としてキャリアを積みました。ファニア・オールスターズという著名なレコードレーベルが、母とレコードを十枚出す契約を結んだの。競争相手のよそのレーベルに移籍しないようにね。わたしたちは郊外の瀟洒な家に住んでいました。母は父と離婚して、非常に自立した人だった。思う存分、生きたわ。わたしは、年を取れば取るほど、現実と折り合いをつけるのが難しくなってしまってね……」

「というと?」

「不平等に。億万長者もいれば、無一文の人もいるという事実に。わたしはレッスンのあとでアイスクリームを食べに行けるけど、何千人もの子供たちが学校にも通っていなかった。革命がやって来るまでは。母は絶望したわ。母の人生はおしまいだった。裕福な実業家の宴会や舞踏会が——すべてなくなってしまった。わたしは——まったく正反対。フィデルがわたしたちの家と家具をすべて取り上げたときでさえ、彼は正しいことをしていると思ってました」

「本当にそう思っているのですか?」

「もちろん。わたしたちは、人々が本当に平等である唯一の国なのですから」

「でも貧しい」

「貧困は至るところにある。でも平等があるのは――わたしたちの国だけです。革命とはわたしがサルサの次に愛するもの。わたしはフィデルのために踊り、フィデルのために髪にきれいな花を挿して、爪を塗る。見て、いちばん長い爪は国旗の色なのよ」

「国外に出たことは？」

「六十歳になって初めて、『ブエナ・ビスタ・ソシアル・クラブ』のCDのプロモーションで踊りに行きました。それはすばらしい経験だった。空の旅、洗練されたホテル、ミュージシャンたちとの打ち合わせ。わたしたちはロンドン、ウィーン、チューリヒで踊りました。ブエナ・ビスタのメンバーはわたしたちの親友よ。彼らがこの旅を手配してくれたの。イブライム・フェレールはわたしたちのアパートで何時間も過ごしたものよ。奥さんと喧嘩するたびにラム酒の瓶を持ってうちにやって来て、それをひとりで全部飲んで、一晩泊まっていった。残念ながら、その後大金を稼ぐと、ハバナ郊外に豪邸を買って、わたしたちのことなど知らんぷりだった。最近亡くなったわ」

「お金は人を変えてしまう」オスバルドが付け足す。「私たちの稼ぎは暮らしていくのに十分です。私たちは相当な額を国に支払っている――事業運営の認可だけで数百ペソかかる。住まいをもっと広いところに変える余裕はない。この部屋は十二平方メートルです。つい最近までここに五人で住んでいました。幸い子供たちは引っ越しましたが。子供らに仕送りする必要がないのはありがたいですよ」

「わたしは六人の子を産みました。この種馬の仕業なのよ」アナは笑って、夫を指差す。「毎回、出産して二週間経つと、また踊りはじめた。ダンスはわたしの全人生。ダンスと革命は」

ドイツから来たビジネスマン――「何だって売れます」

辻馬車だらけの植民地時代を偲ばせる珠玉の町、シエゴ・デ・アビラ近くの路上に、故障したオフロード車が停まっている――我々のプジョーと同じく、赤いナンバープレートだ。六十がらみのドイツ人、ミヒャエルがパンクしたタイヤと格闘している。レンタカー店でスペアタイヤをもらわなかったのだ。彼を我々の車に乗せて、パンク修理屋探しを手伝う。

ミヒャエルは別人になりすましている。表向きは保養地に来た一観光客だ。非公式には――ビジネスマンで、商売相手を探している。

「キューバは空白地帯なんです」彼は説明する。「分析によると、カストロの死後、自由市場の要素を備えた社会主義へと路線変更する可能性がある。四分の一資本主義です。どうやらラウルに若い大臣や将校からかなりの圧力がかかっているらしい。彼らは革命のときに戦っていないし、革命の精神《エートス》とは無縁です。もっと金を稼ぎたい、もっと生活レベルを向上させたいと思っているんです」

「それはどういう意味です？」

「もしキューバが開国すれば、何だって売れるってことですよ。ここじゃ服、車、家具、食料が不足してる。ここに持ってくれば何でも売れる。パンティー？　売れる。缶詰？　売れる。椅子？　売れる。クマのぬいぐるみ？　これも売れる。彼らはここ以外の世界から半世紀遅れてる！　こいつはビジネスになるぞ！」

「あなたはここで何をしてるんですか？」

「うちの会社の代理人になってくれる人を探しています。闇両替人、ホテルのたかり屋、葉巻売りあたりを当たってます。私の同業者が同様にポーランドで商売相手を探したことがありましてね。彼らと一緒に何度か行きましたよ」

「ポーランドに⁉」

「ええ！　おおむねキューバはポーランド人民共和国の末期に似てますね。役人とビジネスの間の依存関係がそっくりだ。ペーヴェクス〔ポーランド国営企業。入手困難な高級品を米ドルで購入できた〕や一般の店の前の行列。不安定だが、これから良くなるという希望がある。それに道はフィアット１２６ｐでいっぱいだ。ご存知ですか？　彼らは中古の大型車よりポーランド製フィアットの方を好むんですよ。燃費がいいし、部品もありますから」

「最大の問題は何です？」

「役人に話を通すことです。もしキューバで何らかの変革が成し遂げられたら、その背後には彼らがいるでしょう。彼らなしに、ここで投資することは不可能です。毎日私は妻に電話して、有能な若者を探してるって話すんです。彼らがこの忌々しい電話を盗聴してるんじゃないかと思って。そして彼らがみずから応募してくるんじゃないかと思ってね」

　ミヒャエルの話を検証するすべはない。信じようが信じまいが、差し当たり修理屋で直してもらったタイヤに交換するのを手伝うと、我々は別れを告げてバラデロに戻る。我々はキューバ国内をほぼ二週間回った。我々が空港に向かっていたころ、〈グランマ〉紙、つまりキューバ共産党中央委員会の機関紙が、入院中のパジャマ姿のフィデルの写真を載せた――次第に回復に向かいつつある、というキャプションとともに。

フィデルの死から一年後

マクドナルドはすでにキューバ政府と契約を結んでいる――フィデルの死から一年後、ハバナに一号店をオープンする。旧市街のど真ん中、大聖堂広場に。赤い星形のケチャップがついたマック革命バーガーがヒットするはずだ。

ハバナの人たちはそんな噂話をしている。

Ⅱ　自由

自由というものは熊たちにとってあまりに衝撃が強いので、
　ケージからそのまま森に放すことはできない。
場所を移すには数日の猶予を与える必要がある。
自由とは新たな挑戦だ。新しい音。新しいにおい。
新しい食べ物。自由は彼らにとってひとつの大きな冒険だ。

ポーランド／英国――レディ・ペロン

ロンドン中心部、ヴィクトリア駅。真夜中、駅は行き場のない人たちに占拠されている。ホームレス、失業者、物乞い、ルンペン、はぐれ者。待合室の小さな椅子には奇妙な三人組がいる。酔っ払ったパンク野郎、上品な服装の男、そしてホームレスが押して歩くようなショッピングカートを持った年嵩の女。

女は静かに夕食の支度をしている。男ふたりは雛が雌鶏を囲むように女の傍らに座っていた。

「あんたは俺たちの駅のばあちゃんだ！」パンク野郎が女に向かって叫ぶ。「俺たちの駅のばあちゃんだ！」

女はパンを切る手を止める。「このクソガキ、あたしはばあちゃんなんかじゃないよ！　まだ五十五だよ！」ポーランド語で叫ぶ。「あたしはレディ・ペロン！　いいかげん覚えなさいよ！」ペロンとはポーランド語で「駅のプラットホーム」のことだ。

　だが若者は聞く耳を持たない。立ち上がってふらつく。ばあちゃんにキスしようとする。顔に思いっきり、平手打ちを喰らう。

「オーケー、ばあちゃん」若者は喜んでいる。「本物みたいだ。慰めるべきときは慰める。必要とあらば、面《つら》に一発喰らわせる」

「失せな、このクソガキの酔っ払いが！　もうやってられんわ！」女はわめく。「あたしはここで殺されるよ、殺《や》られちまうよ！　橋から飛び降りてやる！　あなたはレモンを買ってきてちょうだい。それと砂糖を半キロ」もうすっかり落ち着いて上品な男に話しかける。

レディの王国

　昔々レディはポーランド中部の町パビアニツェ近郊の古いあばら屋に住んでいて、大きな鉄道駅や外国の首都のことは新聞でしか知らなかった。新聞から面白い記事や写真を切り抜いては、記念に取っておいた。当時はアリツィアと呼ばれていた——身分証にあるとおり。

　切り抜きはいまでも持っている。たとえばアンジェイ・レッペル〔一九五四―二〇一一。〈ポーランド共和国自衛〉党首〕がヨハネ・パウロ二世に謁見したという記事。あるいは襲撃者の爆弾によって引き裂かれたロンドンのバスに関する記事。それらを切り抜きながら、近い将来まさにそうしたバスが自分を目覚めさせることになろうとは想像もできなかった。そして自分自身がテロリズムのかどで告発されることになろうとは。

レッペルを切り抜いたころは、まだポーランドの村に住んでいた。一度も移動販売に間に合ったことがなかった。彼女がたどり着く前に、全部売り切れていた。

バスを切り抜いたのはコルシュキの鉄道駅にいたときのことだった。だが当時ですら、そのすべてがどれほど見事に転がっていくのか考えもしなかった。

現在、彼女の私有地は二〇〇×五〇メートル、一ヘクタールの長方形。「あそこがヴィクトリア、ここがコウチ、あとグリンライもある、あの、ポーランドから到着するやつ」彼女は片手で指し示す——どこにどんな種類の穀物が育つかを示すみたいに。

ヴィクトリアは大きな鉄道駅だ。コーチとグリーンラインはバス発着所。ここ五カ月というもの、レディはここの女主人だ。頭上に屋根はないから、駅の間の長方形が彼女の家。冷蔵庫がないから、駅のスーパーマーケットが彼女の冷蔵庫。金はないが、税金は徴収している。

コルシュキ駅のレディ

「どうやってここに来たのですか?」私は尋ねる。

「貧乏があたしを家から追い出したんだよ」レディは説明する。「ポーランドのあばら屋はもう、ないも同然だった。材木が腐ってて、垂木は風で折れて、全部換えなきゃいけなかった。郡に願い出たら、こう言われた、『我々にはどうしようもありません』って。これが予想以上に重かったね、だってお金はあったんだよ――年金五百ズウォティ〔日本円で約一万五千円〕がね。生活には十分だった。でもあたしはもう自分ちで凍えてた。このままじゃ死んじまうと思って、ひとつふたつ袋に荷物を詰めて、駅に行った」

「どの駅に?」

「鉄道の」

「それから列車でロンドンへ?」私は驚く。

「そんなにすぐじゃない」レディは笑う。「最初はピョトルクフの駅で、それからコルシュキの駅で寝た。そこでも凍えたよ、ストーブが焚かれてなかったから。でもポーランドは悪くなかった、待合室で寝てたから。ここみたいにベンチや歩道じゃなかった。ポーランドで気に入らなかったのは、駅のじじいどもが変性アルコールを飲むこと。それにおそろしく臭い。なにしろ小便はするわ、殴り合うわ、汚すわ、煙草は吸うわ。あいつらは人生の道を踏みはずした連中、社会のどん底だよ。飲むならワインかウォツカにすべきだね。礼儀をわきまえた人はそうするもんだ」

レディは礼儀のこととなると幾分常軌を逸している。ヴィクトリア駅では老いも若きも友だち口調で話すが、彼女はそれを許さない。敬意は示すべき!

「でもコルシュキの駅からまっすぐロンドンへやって来たのですか?」相変わらずわからない。

「いや、最初はあのストラスブールだった。どのストラスブールかって? 行きましょ、ここは閉まるから」

実際、時計が夜中の一時を打った。従業員がコウチを閉める。アリツィアさんはきちんとパンのかけらを集め、どこかのポーランド人がくれたポドラスキのパテをポリ袋に入れる。「あの黄色い服の連中とは話にならない」こう説明して、ゆっくりと立ち上がる。「あいつらのせいでどれだけひどい目に遭わされたか、どれだけ涙を流したか！　奴らのせいで二度も入院したんだ！　このことをイギリス全土に知らせてやりたい。奴らはあたしを無理やり引っ張って追い立てる。あたしが転ぶと、奴らが捕まえる。あたしは体が不自由で、まったく働けないのに！」

私はアリツィアさんがカートを押すのを手伝う。私たちはゆっくりと通りに出る。

「あそこへ行きましょ、あの門の中でいまは寝てる」駅から五十メートルほど離れた何かの事務所を指差す。「最初はバスの待合室の陰で寝てた。でもあそこは風が吹きつける。もう腰がいけないんだよ、神経根がね、コンクリの上で寝ると風邪引くからね」

正義はストラスブールにある

「六ヘクタールと数アールの土地。大したものよね？」レディは確かめるように言う。

それだけの土地を近所の人たちがアリツィアさんの母親から奪ったのだ。「父さんはあたしたちを置いていなくなった」彼女は説明する。「もし一緒に暮らしてたら取られなかったろうに。でもね、男手がなかったから守ってくれる人がいなかった。母はあたしよりもっとひどい障害者だった。片足を台に載っけて、そうやって座っていて、立てなかった。あたしが母の面倒を見てた。あたしが若かったころはもっとうまくやってたけど、年を取ったら、もううまくいかなかった。母は数年前に死んだよ」

母親の死後、アリツィアさんによると、近所の人たちが彼女の住まいとあばら屋に関して陰謀を企てはじめた。彼らはアリツィアさんを施設に預けたがった。「あたしは自分に言い聞かせた。絶対に許さないって」レディは興奮して言う。「新聞で読んだんだよ、正義はストラスブールにあるって。ストラスブールはポーランド国家に騙されている人たちを助けてくれるんだって。それで切符を買って、そのストラスブールに行った」

「どうやって？」

「普通に。バスに乗って出かけた。そこへ行けば住むところがもらえるんじゃないかと思って。そこに住みたかった。だってあそこは暖かい国だから。それと、あの土地のことを訴えたかった」

「怖くなかったですか？」

「怖かったさ、ものすごく！　あたしがそれまでに行ったことがあるいちばん遠いところがウッチだった。それと仕事でパビアニツェまで。あたしは機械編み職人で、手袋の裏地を作ってた。立ち仕事だったから、つらいよ。年金生活に入ってからは、うちの村から外には全然出なかった。これがもう穴を板でふさいだみたいな辺鄙なところでさ！　でも当時は出るのが怖かった。だっていちばん恐ろしいのは、人がどこか初めての場所に行くときだよ。それでもあのときはこう考えた。行くべきか、行かざるべきか？　ポーランド人に会わなけりゃ、あたしはそこで言いたいことも言えない！　そして実際そうなった。赤ん坊みたいに泣いたよ、あたしは。通りに若い娘さんが若い男と一緒に立っていた。娘さんはあたしの手を取って、あの巨大な裁判所〔欧州人権裁判所〕まで連れてってくれた。そこの入口に立ってる人にこう言われた。『何であなた、わざわざ来たの！　ここは来るところじゃない！　書くところなの！』って」

「村の人たちは？　何と言ってました？」

「ストラスブールに行って訴えてやると言ったら、奴らは笑って、頭を指でトントンたたきやがった。どうせどうにもならんよと言われた。で、それについては奴らが正しかった。だって何ひとつうまくいかなかったんだから」

「行った甲斐はありましたか？」

「あった。だって、すべてがどれだけ単純かわかったから。至るところでみんなが助けてくれたし、車に乗せてくれたし、何が必要か尋ねてくれた。それであたしは思った、たぶんいつもこうなんだ、あたしが行かない場所でも、いつもだれかが体の不自由な人を助けてるんだって。あるとき駅前に立ってたら、通りがかりの紳士が二ユーロくれた。片手を差し出しただけで、みんなはあたしに普通にお金をくれるようになったのさ！　あたしは思った、あそこにいつか戻るべきだって」

数カ月が過ぎた。ストラスブールへ行く代わりにレディはロンドンに出た。

「ここにポーランド人が大勢いるって言われたんだよ。確かにそう。ここじゃイギリス人よりポーランド人の方が多い。すてきな人たちに会うよ、あたしをとってもよく助けてくれる。ホテルの部屋を提供してくれた人もいる。一泊三十ポンドのところを二泊分払ってくれたんだ。その領収書も記念に取ってある。あたしに毛布と枕をくれた人もいる。ときどき立ち寄ってはおしゃべりして、何か食べるものを持ってきてくれるお医者さんもいる。なんとまあ、あたしは彼らと出会って、どんなにうれしいことか！　最初は怖かったさ、浮浪者や酔っ払いやルンペンとばっかり会うのが。ばあちゃん、と奴らは呼ぶ。一ポンドか二ポンド、俺らのシードル代に足してくれよ。あたしがあんたらに足すのかい？　あんたらは飲んだくれて、ひっくり返るんだろう？　おお、やなこった！」

デドすなわち死

門に着くまでに十五分かかる。縁石を越えるのがいちばん難しい。高すぎるのだ。レディ・ペロンは歩幅がとても狭い。それも一歩ごとに痛む。この痛みは子供のころから知っている。「何もできない。立ったままでいるのも、荷物を持つのも――倒れちまう」レディは説明する。「すぐに足が痛くなる。あたしは生まれつき、不自由な体に生まれたんだ。片足が三センチ短くて、骨盤が曲がってる。両親があたしを医者に見せたのは、ようやく小学二年生になってからだった。生まれたばかりの赤ん坊だったら、すぐに治ったのに。こうなると――骨が年を取りすぎていた」

ようやく到着する。レディは神経質にあちらの角とこちらの角を行ったり来たりする。風が吹き込まない窪みを見つけなくてはならないのだ。そして見つける――出入口のすぐ手前だ。ただ、ほどなく若い黒人の女性警備員が近寄ってきて、私たちを門から追い出す。「このご婦人はホームレスなんです」私は説明する。

「ここから出て行かないなら警察を呼ぶことになりますよ」警備員の女は答える。こんなことを言うのは明らかに莫迦げていると思いながら。警備員はレディにサンドイッチか紅茶を一杯持ってこようとする。しかし門の内側で寝るのは問題外だ。

「あたしは身・体・障・害・者だよ！」レディは説明する。効果なし。「自殺してやる、川に飛び込むか、車の前に身を投げてやる！」

これも駄目。警備員の女は姿を消す。レディは感心して私を見つめる。知っている外国語を交えて言う。「あんた英語を上手にしゃべんだね《シュプロハ》。早口で。でもね、あたしにとってはわからないほうがいいんだよ。ときどき、だれかがあきらめたように手を振る。どうせこのばあさんに説明したって通じない、そこで寝るがいいさ、どうしてもって言うんなら、って」

「でもあなたは英語がまったく話せないのですか？」私は問いただす。

「少しならわかるけど、あんまり。あたしが言えるのは、プリーズ、ウォテル・ホット。これは、お湯をください。プリーズ、ウォテル・コルド、冷たいのをください。グド・モルニング、グド・ノイト。ノー、グド・バイ。連中があたしを追い払うときには、こう言ってやる。デド。デドは死ってことだ。あたしはここロンドンで死ぬ、あんたらがあたしを殺す。小銭集めを許してくれなければ、あたしは飢え死にだ」

もしも健康だったら……

レディ・ペロンはスーツケースの上に腰を下ろす。カートを脇に置き、地面には——一枚の紙。「ホームレスで体が不自由です。ご支援をお願いします。どうもありがとうございます」——駅にたむろするポーランド人たちが英語で書いてくれた。物乞いするのは好きじゃない。とはいえ、これは物乞いなのか？　これは単に支援の要請だ。「こっちからは近寄らないよ、恥ずかしいから。あたしはただ座ってるだけ、施しを与えようとする人がいれば、それは自分からしたいと思ってそうするんだ。でも警察はあたしを強制排除して、紙の看板を取り上げちまう。連中は言う。ここは合法じゃない！　って。一度あたしは腹を立てたことがある。だって鉄道駅でお揃いのコートを着た若者らが立って、ニシンが入ってたような黄色いバケツにお金を集めてたんだ。どうやら何か不幸があったみたいだった。で、あたしは警官に言う。あの人たちが物乞いするのが合法なら、あたしは、そうじゃないの？

警官たちはそれでもあたしを追い払ったけど、あたしはバケツの連中に近づいていって、どうか旦那様、あたしにマニーをください、と言う。その厚かましい奴に。そしたらそいつは知らんぷり！　あたしはもう一度こう言う。ギヴ・ミ・マニー、あたしは貧乏なんです。どういうわけかそれが奴を動かした。あたしに一ポンドくれたよ」

いちばんもらえるのは地下鉄の入口。あいにく、そこはいちばんこっぴどく追い払われる。「あそこじゃみんな気前がいい」レディは夢見るように言う。「三十分で二十ポンドももらった。あそこは黒人も通れば、黄色い人たちも通る。数時間立ったら、百ポンドはもらえるだろうね！」

イギリス人は爆弾が怖い

私たちは通りの向こう側へ渡る。そこには駅の非常口がある。レディはまだ一度もここで寝たことはなかったが、試さない手はない。「ただ朝早く起こされないといいんだけど。だってあたしは九時十時まで寝るのが好きだからね」

酒場の横はいい場所だが、時折、男が寝ていることがある。「男の人のそばは怖いんだ。だって男はすぐにセックスのことなんかを考えはじめるから」レディは説明する。

しかし駅の非常口もちゃんとしていて――風から守られている。レディを手伝ってカートを階段上まで運ぶと、彼女はすぐに自分の財産を広げはじめる。

「ねえ、あたし、いいカートを買ったと思わない？」レディは思い出す。「前はスーツケースをこういう荷物用カートに載せて引っ張ってた。鉄道駅のを借りたんだ。一ポンド入れて、引っ張るやつ」

「テロ容疑で訴えられたのはそのときですか？」

「いや、それはそのあと。二台目のカートを取ったとき。警察署に連れていかれたんだけど、それは連中がナイフを目にしたから。パンにバターを塗ってただけなのに。六時間拘留されたよ。連中はあたしがテロリストだと思ってた。カートを怖がってね。あたしが爆弾を持ってると思ったのさ。あたしがカートを置き去りにすると、爆弾が爆発するんだ、って。あいつら爆弾が怖いんだ！」アリツィアさんは笑う。「もしリピテル、つまり通訳がいなければ、数年間は監獄に入れられただろうね」

レディ・ペロンは鼻の下まで布団をかぶる。

マヨルカ島はどう？

翌日私たちはコウチの発着所で待ち合わせる。レディは私に見せようとカートからいちばんの宝物を掘り出す。ストラスブール行きの切符、ホテルの領収書（一泊朝食付き三十ポンド）、お医者さんの写真、パビアニツェ近くのあばら屋の写真、新聞の切り抜きが数枚。幼いころから集めているものだ。「洪水についても、どこでだれが結婚したとか生まれたとかも集めてる。そういう出来事が起こったという記念に」

　切り抜きのうち、いちばん重要なのは――ストラスブールに関する記事。それと〈パビアニツェ生活〉紙の――アリツィアさんについての記事。レディはこの記事が好きではない――というのも、女性記者が彼女のストラスブールへの旅を笑いものにしたからだ。

「ねえ、あなたはあたしのこと真面目に書いてくれるんでしょうね？」レディは問いただす。

「もちろん」私は請け合う。

「生まれつき体が不自由なのにもかかわらず世界中を旅してる、って書いてくれる？」

「書きますよ」

「どっかの住所を書いてくれてもいいよ。人があたしにお金をいくらか送りたくなったときのために、どう？」

　だがレディの住所を公表するのは難しい。ロンドンでは路上生活者だし、ポーランドに戻るのは数日だけだ。「あと四カ月待てば年金が入る。いっぺんに二千もらって、それでイタリアに行くお金ができる。それかマヨルカ島。スペインのすぐ向こうにある島。あたしはホームレスで孤独ってことにもう決まってるなら、せめてどこか暖かいところがいい。最近そう思ったんだ」

　レディはサングラスをかけている。目にではなく、髪に。「ええかっこしいの女たちはこうしてる」私にそう説明する。「あたしはええかっこしいじゃないけど、写真にはきれいに写らなくちゃね」

　私は写真を何枚か撮る。

それからレディは私にお使いを頼む。ヴィクトリア駅までひとっ走りして、フライドポテトの大袋とピニャコラーダを二つ買ってきてほしいと。「これはこんな、かるーいお酒だよ」と笑う。

　フライドポテトは特定の店のでなくちゃいけない――あそこのはやわらかく揚がってる。レディにはもうほとんど歯がないのだ。私は三十分後に戻る。レディはその間、あたかも固まっていたかのように見える。その顔も、姿勢も、一ミリも変化していなかった。どうやら、こうしてじっとしているのが得意らしい。私が戻ってくると目を覚ます。

「なぜ連中はあたしに住むところを与えたくないのか、説明してくれる?」レディは尋ね、自分で答える。「なぜかというと国がとっても欲張りだから。たくさんあると、もっと欲しくなる。連中はあのお金をいったいどうしてるんだろう? いつだって奴らには足りない。ヨーロッパを手に入れたら、今度は地球をまるごと欲しがる。金持ちは貧しさが何を意味するのか知らない。あたしは生まれたときからずっと、富が何を意味するのか知らない」

　急にレディは黙り込んで、微笑み、私に手をかける。

「ねえ、でもあなたは正直にこう言ってちょうだい。世界中の大勢の健康な人にはパビアニツェの障害者のことなんか目に入らなかったと」

Ⅲ　交渉

熊の引き渡しはそれよりずっと前から準備しなくてはならない。
こうしたことは何カ月もかけて交渉する。一度、二度、三度とテーブルにつく必要がある。
親しくなって、互いの信頼を得る必要がある。互いの信頼がなければ、
だれも熊を引き渡さない。それよりはいっそ殺す。

ウクライナ――密輸業者にはピーッと鳴らない

乗客として六年落ちのパサートに乗った私は、心臓が口から飛び出しそうだ。次から次へと煙草に火をつけ、神経質に左右を見回し、最後のＳＭＳを送る。

数日前、ウクライナとの国境にあるポーランドの村で、私は自分と同年代の青年、マレク（名前は変えてある）と知り合った。一緒に安酒を飲んだら、マレクは自分は国境を越えて車を運んでいると打ち明けた。完全に合法とは言えない。ウクライナでは西側の中古車に対する関税が実際の価値よりもしばしば高いことを利用して、彼は関税を払わずに、あるいは、払うとしても最低限度額になるようにして、車を持ち込むことができる。どうやるのか？　彼は道々教えてくれる。というのも私を一緒に連れていくかもしれないからだ。

「やりたいか、編集者？」マレクが尋ねた。

「やりたい」私は答えた。

そしていま私はその報いを受けている。

マレクは二日後に私を迎えに来て、いまや我々ふたりは国境で、スイスの彼の知人を通じて数千ユーロで買ったパサートに乗って停まっている。税関職員。国境警備兵。旗——ポーランドのとＥＵの。橋。下を流れるのはブク川。これを越えたらもう後戻りできない遮断機が、だんだん近づいてくる。

掃除婦——「政府はジャムの在りかを知っている」

我々が国境の橋の上で車の列に並んでいる間、ブリュッセルの外交官たちはこの国境をさらに向こうへ動かす方法を考えている。要するに、いかにしてウクライナに改革を促すか、そして最終的には——ウクライナが共同体に加わることを。あるいはせめて永久に共同体と関係を結ぶことを。

我々はまだ知らない。その後まもなくヴィクトル・ヤヌコーヴィチ大統領がＥＵに中指を見せ、ウクライナ人たちが参加した何週間にもわたる親ＥＵデモは、デモ参加者数十名の死で幕を閉じ、その結果——ヴィクトル・ヤヌコーヴィチはウクライナから逃亡することを。

我々はまだ知らない。その少し後でウラジーミル・プーチンがウクライナからクリミア半島をもぎ取ることを。

しかし、私が話をしたウクライナ人たちが、あまりにもよく知っていることがひとつある。自分たちのEU加盟は、バラの敷き詰められた道にはならないだろうということだ。

「我々は決してEUには入らない」と言うのは運転手のオレクサンドル、満員のバンで遮断機に近づく。彼の乗客たちはポーランドでの季節労働から帰るところだ。イチゴを収穫し、そのあとラズベリー、トマト、最後にリンゴとスモモ。「シーズンが終わったんで、みんな戻ってきてる」オレクサンドルは言う。「まだ残ってる人たちもいるよ。きのこを買い取りに持っていくとか、でもそれはもう大した額にならない。EUについて？　何よりもまず肝心なのは、プーチンが我々を決して手放さないってこと。彼にとってウクライナはロシアの一部――それだけさ。我々を西側に引き渡すことには決して同意しないだろう」そう言うと、出稼ぎ帰りのウクライナ人たちがうなずく。「とはいえ、ドンバス、つまりウクライナ東部は喜んでロシアに併合されるだろうな。あそこじゃロシア語を話すし、いまでもソ連を懐かしんで涙を流してる――すばらしい国だった、だれもが仕事を持っていた、ってね。だが、ソ連時代の一九三〇年代に、一千万人のウクライナ人をスターリンが餓死させたことなんか、もうだれも気にしちゃいない！」

「私の曾祖母は大飢饉で亡くなりました」鳥打ち帽をかぶった年輩の男がうなずく。「オレクサンドル・ホドゥキンと申します。以前は文化会館のボイラー係として働いてましたが、いまは年金生活です。母の話によると、三〇年代には人々が土やお互いを食べたそうです、生き延びるために。母親たちは子供が苦しまないように首を絞めて殺しました。恐ろしい時代です。ロシアがこれについて謝罪したことは一度もありません。そしていまや、我々がEUとの協定に署名すれば、罰としてふたたび我々を餓死させてやると脅迫しています。ロシアが国境を封鎖すれば、我々は何も売買できなくなるし、向こうはさらに天然ガスの価格を二倍か三倍に引き上げてくるでしょう」

司祭――「EUはサタンだ」

司祭オレク・アザレンコフは白髪まじりの顎鬚を生やし、髪はポニーテールで、流行遅れの安物セーターを着ている。古いラーダを運転していて、欧州連合加盟については長年培った意見がある。「あそこに入るのは恐怖だ」と彼は言う。

十七年間、オレク司祭はロシアとの国境にほど近いビラ村にある小さな木造の正教会に在職している。そのうち半分の年月は反目に巻き込まれていた。

「十年前、オレンジの暴徒が政権についたとき、教会をフィラレート信者たちと共有するよう命じられた」とぼやく。「我が神よ、神よ、彼らのせいで私がどれほど気をもんだことか！」

フィラレート信者とはキエフ総主教庁の信者のことで、キエフ総主教庁はモスクワ総主教庁と対立している。彼らの指導者は総主教フィラレートである。

オレンジの暴徒とは、オレンジ革命のおかげで権力を握った政治家たちのことだ。しかし、モスクワ総主教庁に属するオレク司祭はなぜ彼らを暴徒と呼ぶのか⁉

「ヴィトルト、彼らがやらかしたことと言ったら！　私に教会でミサを執り行うように言ったかと思えば、今度は自分たちの司祭がやると言う。私は言ったんだ。話にならない、なにしろ私は彼らの司祭を司祭とは見なしていないのだから。私にとって、あれはただの素人だ、と。すると彼らがやって来て、錠を壊して新しい鎖を取り付けたものだから、数年間、私は自分の教会の鍵を持っていなかった！　幸いヤヌコーヴィチ氏が大統領になってから、状況は少し落ち着いて、少なくとも鍵は返してもらったが。ＥＵ？　あちらからはいいことなんて何も期待できないでしょう」

「でも数週間前、ウクライナの宗教指導者全員が、ウクライナのＥＵ加盟を支持する書簡に署名しました」と私は言う。「それにはフィラレートも、そしてあなたの教会の総主教庁も署名したんですよ、神父様」

「ヴィトルト、私は汝に言っておく」オレク司祭は眉間に皺を寄せて言う。「総主教というのは少々政治家的なところもなくてはいけないので、いろんなことを言うし、署名もする。しかし我々一般の司祭は、一年前にキエフでＥＵに関する会合を開いた。フランスからひとりのご婦人が来て、我々に美しく語った。正教会の改修にどれだけのお金が出るか。どんな助成金があるか。そしてスライドを見せてくれた。フランス、ベルギー、ポーランドのを。話を聞いていたら、ついに年輩の司祭が立ち上がって、こう言った。『あなたがたの教会は美しく改装され、屋根には銅が葺かれ、床には大理石が敷かれているのだろう。私どもの正教会はしばしば合板張りで、基礎は崩れている。しかしながら私どもの教会は満員だ。あなたがたの教会は空っぽだ』と。皆が拍手喝采しはじめた。なぜならそれが真実だから。西側は神を忘れている。あなたがたポーランド人を見れば、それが実によくわかる。ＥＵに加盟してから、あなたがたの国はより豊かになった。国境を越えると、何もかもきれいに舗装されている。あなたがたは国全体を舗装した。裕福な者は神を忘れ、自分の富を増やす方法ばかり考えている。そして神を忘れる者は、すぐに他の人々のことも忘れる。残念ながら、あなたがたの国ではそれがとてもよくわかる。

二年前、私は細君と共にポーランドを抜けてドイツに出かけたんだが……」

「だれとですって？〔カトリック教会の司祭は妻帯不可のため〕」

「ああ、自分の妻とだ。途中、車がエンストした。私たちは二時間手を振りつづけたが、だれも停まってくれなかった。だれひとり助けようとする者はいなかった。祭服を着て十字架をつけた私が道端に立っていたというのに。ただこちらを指差しただけだ。まるでそれがひどく奇妙だと言うかのように。ようやく、あるウクライナ人夫婦が、私たちが困っていると見るや、車を停めて助けてくれた」

「それはどこでも起こり得ることでしょう……」

「ヴィトルト、それはまだ大したことじゃない。私が最も恐れているのは、ＥＵが我々をセックスで攻撃し、変質者どもを守るため、法律を変えるよう我々に命ずることだ！　アダムとエヴァが楽園を歩くように、キエフを歩き回れるようになる。そして男が男に接吻できるようになる。そうした振る舞いを聖書では、黙示録の前兆と呼んでいる。ヴィトルト、ウクライナ西部で最も神聖な場所、生神女就寝ポチャイフ大修道院を知ってるかね？　そこに来る人々が悪魔に取り憑かれていることをご存知か？　最近ある男があなたがたのＥＵに関するパンフレットを読んでいたとき、悪魔がその男に入り込んだことを知っているかね？　その男をポチャイフに運んだところ、そいつは司祭たちに唾を吐きかけた。そしてこう言った。自分はこれからウクライナに行くところだ。もうここへ来るのだと。すでに政治家らは自分に箱馬車を用意しているのだと。あらゆる悪は、ヴィトルト、西から来るのだよ」

密輸業者――「連中が取るのは大金だけ」

車の列はのろのろと進む。我々の車は数分ごとに八、九メートルずつ前進する。これがすでに一時間以上続いていて、少なくともあともう一時間は続く。

マレクは革ジャケットにタートルネックのセーター、ブランド物のジーンズという恰好だ。加えて、ディーゼルのシャツと高級そうな腕時計。上流社会の、ディオールのオーデコロンの香りがする。抜け目のないチンピラと、もう少し広い世界を目指す者を掛け合わせたように見える。

「国境じゃすべてが重要だ、服装さえも」彼は私に説明する。「ウクライナの税関職員はだれもがちょっとした心理学者だ。金持ちと見れば――余計に賄賂をよこせと言ってくる。あまりに儲けすぎだと。貧乏人と見れば――そもそもしゃべろうとしない。俺たちはどっちにも傾かないように注意しなくてはならない。ここじゃだれもが知り合いだ。俺らの仲間のひとりが大儲けしてアウディの新車を買った途端、ウクライナ人はそいつの車をさばくのをやめた。ここで問題なのは儲けじゃなくて、基本原則だ」

「というと？」

「彼らは、この自分たちの地獄では、俺たちと同じだけの収入が決して得られないことを知っている。俺たちはときどき、彼らの家に個人的な付き合いでバーベキューをしに行ったり酒を飲みに行ったりする。立派な暮らしだよ、もちろん。だが彼らの話によると、ウクライナ税関の職に就くには、手始めに二万ドル持っていかなきゃならないんだそうだ。その後は毎月、自分の上司に分け前を納める。三年働いたら――また二万だ、でないとクビにされる。だから彼らは、煙草二箱を運ぶばあさん各々から二ズウォティずつ徴収する。ガソリンを運ぶじいさん各々から五ズウォティ。なにしろその二万をなるたけ早く稼ぐ必要があるからな」

「でもそれって確かな話なのか？」

「まあ、俺は彼らを現行犯で捕まえたわけじゃないし」マレクは眉をひそめる。「彼らが俺に言ったことを繰り返してるだけさ」

「ポーランドの税関職員は？　賄賂を取るのか？」

「俺らからは取らない。彼らにとって俺たちは小売業者なんだ。もし取るとしたら、トレーラー一台分の煙草に対する具体的な額の金だ。それに彼らは、車をポーランドから出させても、書類がちゃんと揃っていれば問題ないからな」

「ちゃんとしてるのか？」

「俺が車を盗むようなどっかのユーゴ野郎に見えるか？」マレクは憤慨する。「合法的に運べるだけの、いい為替レートがあるんだよ。この車はドイツで五千ユーロ足らずで買った。これで俺は二千儲かるが、半分以上は連中に分けてやる。いまそいつらがこの国境でいくらか現金を受け取り、国境の向こうで警察もいくらか受け取る。月末になると俺は連中のところへ飲みに行って、さらにいくばくかの金を置いてくる。それでも月末に俺の手元には自分の生活に必要な二万ズウォティ〔日本円で約六十万円〕が残る。なあ編集者、おまえいくら稼いでるんだ？　いくらだって⁉　ほれ見ろ、うちの運転手の方が稼ぎがいい。ときどき仕事を回してやってもいいんだぜ、稼げるぞ。やりたいか？」

亭主――「何もしたくない」

イェウヘニア・チェルニャクはポーランドのベッドの下を掃除し、ポーランドの皿を洗い、ポーランドのシャツにアイロンをかけ、ポーランドの肉とジャガイモで昼食を作る。ヴォルィーニ〔ウクライナ北西部の歴史的地名〕の村の家に数カ月ごとに帰る。今回は、入院中の母親を見舞いに行く知人と一緒だ。我々のパサートも、彼らのフィアット・デュカートも、すでにポーランドの国境検問所を通過した。私たちは一緒にウクライナへの入国を待っている。

イェウヘニアの髪には白い筋が、顔には皺がある。だが六十歳には見えない。「欧州連合？　とってもいいと思うわ」と夢見るように言う。「何より、ポーランドのビザを取れば、そのビザでベルリンにいる娘のところに行けるもの。ポーランドはもうすっかり本格的なヨーロッパの国よ。わたしはそのすべての変化をこの目で見てきたの、十二年間も行き来してるから。たとえば服ひとつ取ってもよ。憶えてるわ、ポーランド人はソ連みたいな服装をしてたの。とりあえず何か羽織って外に出るだけ。それがいまじゃどう？　女の人たちはファッション雑誌から抜け出てきたみたい。男の人も身なりを気にするようになってきた。バスルームを掃除してると、特別な男性用化粧品をちょくちょく見かけるようになったもの。

以前はベルリンの娘のところに行くと、通りにいるポーランド人がひと目でわかった。こっちの人だ、東側の人だって。いまでは、言葉を聞かなけりゃ、そうとはわからない。見映えがよくなった。それに食べ物もよくなったわ。どこの〈ビェドロンカ〉〔ポーランド最大のスーパーマーケット・チェーン〕でもオリーブ油が買える。イタリアのチーズも。パルマハムも。だれもがポーランドへ買い物に行く。だってウクライナは、ヨーロッパ一の肥沃な土地なのに、休閑地のままだから。教えてちょうだい、ヴィトルト、これのどこに意味があるの？　ウクライナはヨーロッパの穀倉地帯になれたかもしれないのに。わたしたちの黒土《チェルノーゼム》はスプーンで食べることだってできる。こんな土、世界中どこを探してもない。それがどう？　休閑地のままだなんて。人々は国外で稼ぐことばかり考えてる。でなきゃ、ただで何かを手に入れることを。共産主義時代にそれに慣れきってしまったのよ。うちの亭主はＥＵ基準をひとつも満たしちゃいない。化粧用クリームなんか生まれてこのかた見たこともない。仕送りしてやっても――全部飲んじまう。わたしはずっと言ってるの。わたしたちはコルホーズがなくなったとき一・五ヘクタール受け取ったんだよ。せめてあんた、ほんの少しでももらって、ニンジンとかキュウリとかトマトの種を蒔いたら？　雌鶏でも飼ったらどう？　いくらか小遣いになるでしょうに、って」

「で、旦那さんは何て？」

「嫌だってさ！　やりたくないからだって。残念ながら、ウクライナ国民全体がわたしたち夫婦とおんなじ。一生懸命働くけど、でも国外に出る、わたしみたいに。あるいは自分の村にいて、棒切れで木をたたいてる、もしかして梨が落ちてくるかもしれないから。わたしは、ＥＵがわたしたちの国にも来てくれるように祈ってるの。ここにオランダ人やドイツ人が、そしてポーランド人がやって来ますように、そしてこの土地を耕してくれますようにって。そしたらまたコルホーズができる、でも今度は民営でね」

シフトチーフ――「行っていいぞ」

我々のパサートのすぐ後ろに年代物のザポロージェッツ〔ウクライナ製小型車〕が続いている。このまま自動車博物館に展示できそうなソ連時代の車だ。排気ガスの小さな黒雲を吐き出している。ザポロージェッツの車内には――じいさんとばあさん、じいさんは小さなアンテナ付きのベレー帽、ばあさんはスカーフをかぶっている。「小商いだ」マレクは顔をしかめる。「運んでるのはソーセージ二巻きとヨーグルト六本のシュリンクパック。それと、もちろん燃料タンク一杯のガソリン、それとあとホイールアーチに追加のタンクがあるはずだ。これで稼ぎはたった三十ズウォティ〔日本円で約九百円〕だが、年金の足しにはなる」

我々の前には――十数年落ちのゴルフ、スキンヘッドの若い男が運転している。「おう、あいつは俺の仲間だ。ヴォヴァ、何を運んでるんだ？」マレクはスキンヘッドに笑いかける。

「おまえに何の関係があるんだよ？」東の歌うような訛りでヴォヴァが言い返す。

「あれも小商いだな」マレクは私に目配せする。「ああいう連中はみんな、ソーセージとチーズの密輸にかけちゃ抜け目がない。二台に一台は、ドアとか屋根とか床とか――どこかに隠し場所がある。こっち側に煙草《モク》を運び、帰りは食い物を持っていく。なにしろあっちじゃ俺たちの国より何もかも高くて質が悪いからな」

我々はさらに十メートル進む。向こうにはもう黄色と空色のウクライナ国旗がぼんやり見える。ついに我々はその旗まで行き着く。

「これから始まるぞ、編集者、よく見とけよ」とマレクは言い、それからにっこり笑って、税関職員に大声で呼びかける。「こんにちは《ドーブロホ・ドニャ》！」そして相手の手に何かを押し込む。

「あれは賄賂か？」私は尋ねる。

「いやいやいや、ただのちょっとした贈り物さ」

その後わかったのだが、贈り物の配布は始まったばかりだった。国境警備隊と税関職員の全員をマレクはファーストネームで呼ぶ。シフトチーフがわざわざやって来てマレクとハイタッチをする。

「この人はだれだね？」私を指差して訊く。

「同僚。見習い中」マレクは笑って答える。

「シフトチーフたちが一等抜け目がない」あとで彼が言う。「自分の手では贈り物を受け取らず、部下にやらせる。それでもし何かがバレて、キエフから監査官が来ることになれば、罪をかぶるのは下っ端の方ってわけだ」

実際、シフトチーフがいなくなると税関職員たちは公然と金を受け取る。人々から丸見えなことなどまったく気にもしない。マレクは丸めた紙幣の束を二本、彼らに手渡す。「五十ユーロずつ渡すことだってできるんだが、ここでまた心理学が働くのさ」マレクは言う。「紙幣を束でもらうと、大金を受け取ったって感じがするんだな。一枚だと、さほど満足はしない」

「じゃあ実際何のために支払うんだ？　車は別に問題ないのに」

「入国自体はどうってことない。でも彼らは俺の車を税関のシステムに入力する必要がある——入国時の車を、だから出国時もその車で出なくちゃいけないんだ。ウクライナから出るとき、俺がその車を持ってないと、彼らのコンピューターがピーッと鳴るはずだ。同じ車で戻らない場合、俺はウクライナにおける販売証明書か廃車証明書を提示しなくちゃならない。でないと出国させてもらえない」

「出国させてくれるかな？」

「帰るときにわかるさ、コンピューターがピーッと鳴るかどうか」

クライアント――「EUが来たら俺たちは路頭に迷う」

国境から十数キロ、小さな湖のほとりの森の宿屋で、クライアントが我々を待っている。彼の名はアロシャ、お洒落なシャツ、高価なブランド物の時計、シルバーのレクサス。我々のパサートに、車をこの先へと運ぶ運転手が乗り込む。

「オデッサまで行くよ」片言のポーランド語でロシャは言い、革財布から金を取り出す。「さて、すまんが君たちと話してはいられない。一時間後に次の車が入ってくる、別の検問所から。ここから八十キロ先だ。すぐ行かないと」

「行け、ロシュカ、行け。次に会うとき、君らはもうEUに入ってるかもな」マレクが笑う。

「てめえクソッ、そのEUのことはほっといてくれよ」ロシャは顔をしかめる。「いつかそいつが来やがったら、関税の差がなくなって、ふたりとも全財産を詰めた買い物袋を抱えて路頭に迷っちまうぜ！」そう言って、レクサスのエンジンをかける。

「あいつはそうなるかもしれないけど、俺はならない」マレクは微笑む。

我々は昼食を終えると、マレクの仲間アンジェイと共にポーランドへ戻る支度をする。アンジェイはわざわざ我々を迎えに来たのだ。「数年前、俺はブドミェシュの新しい国境検問所のそばに土地を買った」マレクは語る。「二・五ヘクタールある。道路からさほど遠くない。あそこに店を開こうかな、居酒屋か、スーパーマーケットか。ＥＵであろうとなかろうと、国境で人はいつも何か食うからな」

日没直前にふたたび国境を越える。パスポートを税関に出す。私はまたしても心臓がバクバクする。またしても次から次へと煙草を吸う。

だが若い女性税関職員は瞬きもせず我々の手続きをする。何ひとつピーッと鳴りはしない。

年金受給者――「ＥＵ前に死ねますように」

ヴァレンチナ・カレンニコワは、メディカの国境検問所出口のそばの小さなバザールで、ピッツェリアの建物と駐車場の間に立ち、片手に〈パラマウント〉の煙草（安ブランドのひとつ）を二箱、もう片方の手に――おいしそうな小麦の穂の絵がついたウォッカを一瓶持って、客を狩る。

「あたしには人を見る目があるのよ」カレンニコワは言う。「あたしはもう八十近いから、若いもんみたいにすばやく、車に走り寄ったりはできない。だけど、どういうわけか感じとれるのよ、だれが買うのか、どこに並ぶのか。それに若い女の子たちはあたしに譲ってくれる。ばあさんはもう一日中立ってるのが楽じゃないって、わかってるから。あたしはお返しに、あの子たちのために祈って、教会で蠟燭をお供えしてる」

カレンニコワは合法的に煙草二箱とウォッカ一瓶をポーランドへ持ち込むことができる。煙草は一箱四ズウォティで、ウォツカは十ズウォティで売る。こんなふうにして最初の三十フリヴニャ〔日本円で約三百五十円〕を稼ぐ。

次の三十フリヴニャを稼ぐのは、国境のマーケットでポーランド産の安くて品質のいいソーセージとチーズを少し仕入れてウクライナ側に戻り、高めに売るときだ。

そして、洗濯機やその他の家電製品を国境を越えて運ぶ車に乗り込むと、さらに数フリヴニャを受け取れる。そうした製品は一人につき一台までしか運べないので、一度に数台運ぶ運転手はだれかを乗せないといけない。すでに何台の洗濯機がカレンニコワ名義でウクライナに持ち込まれたことか？　神のみぞ知る。

一方でカレンニコワは、ＥＵが国境を開くという話を耳にした。そうなったらいいだろうね。極寒だろうが、雨だろうが、祝日だろうが、金曜日だろうが、一時間以上も列に並んで待つ必要がなくなる。税関職員と数百万ユーロで購入されたＥＵのスキャナー――二箱と一瓶以上の物を運んでいないかどうか判断する――の油断なき視線の下を通る必要がなくなる。

他方で――もし煙草の価格が上がったらどうなる？　なにしろポーランドでは上がった、それも大幅に。「すぐに自分の墓を掘った方がいいのかもしれないねえ」ヴァレンチナは言う。そして泣きだす。

「泣かないで、ばあちゃん」若い女の子たちが言う。「たとえＥＵに入ったとしても、ばあちゃんはもうこの世にいないわよ。あたしたち若いもんが心配することよ」

そのとおり。だからヴァレンチナ・カレンニコワはスカーフの結び目を直すと、〈パラマウント〉を一箱買ってくれる次の客を探しに走る。

Ⅳ　歴史

ブルガリアのロマたちは、雌の方が調教しやすい、雄ほど攻撃的でないし、
人を襲ったりしないと言う。しかしポーランドのロマたちは、
雌を訓練するのは不名誉と見なしていた。彼らによれば、
雌は子を産むべきなのだ。熊使いが仕事に使う熊が決して不足しないように。

アルバニア——コンクリート製きのこの終焉

1

まず掩蔽壕を古タイヤで覆い、火をつける。あるいはカリウムを多く含んだ肥料の袋を中に入れる。原始的な爆弾ができて、掩蔽壕が爆発する。

「コンクリートが割れたら、ハンマーでたたいて、鉄筋に行き着く」アルバニア中部ベラティ出身の建設労働者ジョニは説明する。「ときに鉄筋は二トンもある。買い取り価格は一キログラム当たり十五ユーロセント。だから掩蔽壕一基で三百ユーロ稼げるってわけだ！　だがコンクリートが割れるまでに、丸五日間も画策しなくちゃならないこともある。それにどうせその金の大半は俺の上司が取ってしまう。

俺の稼ぎは一基当たり二十から三十ユーロだ」

　しかしジョニは文句を言わない。ここ数年アルバニアは建設ブームに沸いていて、鉄鋼価格はうなぎ登りだ。それは、数十万人のアルバニア移民が働くイタリアとギリシャの危機によっても止まることはなかった。実際、専門家たちは警告している、このブームはイタリア・マフィアの需要に応じたバブルなのだと。イタリア・マフィアはアルバニアでだれも必要としていない超高層ビルを建設して――半分以上が空室のビルもある――汚れた金を洗浄しているのだ。

「国内にいると危機は感じられない」ジョニは言う。「首相が自慢してたよ、アルバニアを除くと全ヨーロッパで景気後退してないのはポーランドだけだって」

　ジョニも数年間ギリシャのピレウスで働いたが、不法就労のアルバニア人を定期的に捕まえる地元の国境警備隊と鬼ごっこするのはやめた。「体がもうもたない」と言う。「ここじゃ収入は減るけど、支出も少ない。だから収支は同じようなもんだな」

　昼間ジョニは新しい団地を建設し、夜は掩蔽壕で副収入を得る。こうして稼いだ金で自分の住まいを完成させ、子供たちをいい学校に通わせた。

　数十万基の掩蔽壕がアルバニアの景観を台無しにしている――モンテネグロとの国境の都市シュコダルから、石を投げればギリシャに当たるコニスポルまで。

「共産主義時代には、こうした掩蔽壕で軍事訓練があった」ジョニは回想する。「攻撃された場合に壕をカムフラージュする方法を教わった。それは俺の人生の一部だが、壕がもったいないとは思わない。あれは悪い時代の象徴であって、全部なくなるべきだ」

2

ジェルジの掩蔽壕は上から下まで緑色に塗られ、正面に目立つ字で〈Bunker Bar〉と英語で店名が書かれている。それが立っているシェンジンのビーチは最高に美しいというわけではないが、ジェルジは嫌がるでもない。「砂が少ないかもしれませんね。でもコンクリートのきのこがありますから。我らがホッジャおじさんのマッシュルームが。世界中の人々が見に来るんですよ！」

ジェルジは私を中へ招き入れ、イタリアの方角を向いた銃眼をのぞかせてくれる。奥に隠してある金属の棒を見せる。「これは酔っ払い客用に取ってあったんです。ときどき代金を払おうとしない奴がいるので。でもいまじゃ掩蔽壕を壊しに来る連中のために持ってます。私はこのバーをもう十二年やってるんです。指一本触れさせはしませんよ」

事実、アルバニアの掩蔽壕は地球規模で唯一無二である。ルブリン県よりも少し大きいだけの、人口わずか三百万人の国に、共産主義者たちは約七十五万基の掩蔽壕を建設した。

「共産主義時代には、掩蔽壕に関連することはすべて極秘でした。その後、民主主義が到来すると、文書は失われ、今日ではだれも正確な数を数えることができません」政治学者イナ・イジャラは言う。ここの多くの若者と同じく、彼女はアルバニアとイタリアの両国で生活している。「数年前、私たちがＮＡＴＯに加盟したとき、ＮＡＴＯ司令部は彼らが展開する場所の地図を要求しました。そして驚いたことに、一枚の地図もなかったのです。かつてだれかが七十五万基あると言ったのを、いまもみんなが繰り返し言いつづけているだけです」

掩蔽壕は街中に、中庭に、家のすぐ隣に、墓地に、遊び場に立っている。山の頂上に、半ば海に浸って立っている。農民が地面を耕すとき、それらを大きく迂回しなくてはならない。電車でティラナからドゥラスへ行く間にも数十基は数えられる。

ティラナの観光ガイド、エルトン・チャウシは興味深い壕をたどるルートを作成した。「たとえばいくつかは、古代ギリシャ人が残した都市アポロニアの遺跡の中に立っています」彼は語る。「観光客には大変好評ですよ」

それらは一体何のために建てられたのか？　一九四四年から一九八五年に死ぬまでずっとアルバニアを支配したエンヴェル・ホッジャは、攻撃を恐れていた。「あの人は偏執狂でした」イナ・イジャラは言う。「だれもがアルバニアを侵略しようとしていると考えていたのです。戦争直後はユーゴスラヴィアと握手しました。でもそれからすぐにティトー元帥と喧嘩して、十数年間はソ連と関係を結びました。この関係は、スターリン主義清算の時代になると気に入らなくなりました。そこで彼は中国と同盟を結び――至るところに敵を見つけて――国を完全武装し、掩蔽壕を建設したのです」

それらはアルバニア人におなじみの恐怖の遺産に登録された。何世紀にもわたってアルバニアは侵略され、占領されてきたのだ――古代ギリシャ人に、ローマ人に、ブルガリア人に、ヴェネツィア人に、トルコ人に、イタリア人に、オーストリア人に、ドイツ人に、セルビア人に、そして最後に――現代ギリシャ人に。

イジャラ曰く、「これらの掩蔽壕は外国のためというよりむしろ私たち国民のために建てられました。

私たちを怖がらせ、懲らしめるために。いまとなっては莫迦げて聞こえますが、私の親の世代——いま七十歳前後の人たち——は、全世界が私たちを侵略しようとしていると本気で信じていたのです」

「プロパガンダは北朝鮮と同じように作用していました。彼らは私たちに信じ込ませました。アメリカ人、ロシア人、ギリシャ人が毎朝目を覚まして最初に考えることは、このアルバニアをどうやって征服するかということなのだと」チャウシは付け足す。「私たちは情報から切り離されていました。私の叔父は二十年も刑務所に入れられました。というのも、ユーゴスラヴィアのテレビで映画を見て、友人にその話をしたら、その友人が叔父を密告したからです。大多数の人はアルバニアの公共放送ラジオ・ティラナを聞いていて、あえて危険を冒そうとはしませんでした」

人々は五十平方メートル当たり十二人も住んでいた。なぜなら技術者は全員、軍のために働いていて、コンクリートはすべて掩蔽壕の建設に充てられていたからだ。その掩蔽壕が軍事目的で使用されることは一度もなかった。

「私たちが最も頻繁にそれらを使用するのは、美徳を失うためね」イナ・イジャラは笑う。「最近サランダでの休暇中に、ある友人がディスコで知り合った女の子と掩蔽壕でアバンチュールをしたの。それでどうだったかって？　文句たらたらよ。ひどく寒くて凍えたし、そのうえうんちを踏んじゃったんですって」

3

ホッジャは一九八五年に死ぬ。彼の死の一カ月前、ミハイル・ゴルバチョフがソヴィエト連邦の政権の座に就き、変化の風が共産主義諸国に吹きはじめる。だがアルバニアはそうではない。ここでは一九九〇年になってもなお、ホッジャの後継者ラミズ・アリアが、体制変革後のポーランド人の生活は著しく悪化したと、アルバニア国民に吹き込んでいる。しかしアルバニア人は、そのころにはもう自分の考えを持っている。体制は揺らぎはじめ、ついに一九九二年、アリアの代行者がサリ・ベリシャに政権を譲る。彼はティラナにある医学アカデミーの党組織の元リーダーで、他の共産党官僚よりも変化の風を巧みに嗅ぎつけた。ベリシャは大統領に就任した。のちに首相となり、二〇一三年まで八年間在職した。

長年だれもホッジャの掩蔽壕には触れなかった。「一九九九年にセルビア人がコソボを爆撃しはじめるまではね」チャウシは言う。「そのときアルバニアも、ここの掩蔽壕も爆撃されました。そして突然わかったんです。原爆に持ちこたえるはずの構造物は、まるで粘土でできているみたいに崩れ落ちるんだって！　多くの人々にとってそれはショックでした」

そのとき掩蔽壕の第二の人生、文民生活が始まった。人々は掩蔽壕への敬意を失った。村では農民たちがその中で牛や山羊や豚を飼い、町では最近まで冷蔵庫として使われていた。今日アルバニアは豊かになり、ほぼ全員が自宅に冷蔵庫を持っているので、人々は掩蔽壕にごみを捨てるようになった。

首都では違う。ブロックというのはティラナの一地区の名で、共産主義時代には完全に閉ざされ、警備されていた。ここには要人たちが住んでいた――エンヴェル・ホッジャ、彼の大臣や同志たちが。各建物の地下にはコンクリート製の防空壕があった。

「いまやブロックはティラナ一のパーティー会場よ」法学生のカメリヤは笑う。「かつての防空壕にはほんとにすてきなバーやディスコがいくつもあるの」

若い世代のアルバニア人建築家、エリアン・ステファは、掩蔽壕で卒業プロジェクトを制作した。彼は掩蔽壕をミニホテルに、さらには……ワインセラーに見立てている。「だれかが掩蔽壕にホステルを開いてくれたら最高にうれしいんですが」と彼は言う。「僕たちはそれを視覚化しました。だれもが気に入ってくれましたが、最初にそれに着手しようとする勇気のある人はいません」

エルトン・チャウシ曰く、「私が案内している観光客は、そういうところに泊まるためなら喜んでお金を払うでしょうね」。

4

ティラナ中心部に別の掩蔽壕が立っている——それはホッジャの死の直後、彼の娘のプランヴェラによって建てられた巨大なピラミッドだ。それは彼の墓、そして学校や軍隊や職場にとっての巡礼の地となるはずだった。今日ピラミッドは空っぽで、グラフィティに覆われている。その急な外壁から地元の最も勇敢なスケーターたちが滑り降りてくる。「毎日、通勤途中にあの前を通り過ぎるんですけど」ジエルジ・ンドレツァは言う。彼はホッジャ政権によって〈敵対的プロパガンダ〉のかどで七年間投獄された。「反政府チラシをほんの数枚配っただけなんです」ンドレツァは語る。今日彼は、経済的に困難な状況にある元政治犯を支援する財団で働いている。「あの醜い建物を通り過ぎると、頭にカッと血がのぼりますよ。ここで僕たちにあてがわれた地獄の責任を、だれひとり取らなかったのですから」

それは事実だ。アルバニアで何万人もの人々を殺害し、その後さらに数千人のために再教育収容所を建設した共産主義者たちが清算されることはなかった。ラミズ・アリアは二〇一一年に八十六歳で死んだ。彼らのうち何人かは刑務所で服役したが、判決は職権濫用と金融詐欺に関わるもので、体制の犯罪によるものではなかった。かつての独裁者は晩年ＢＢＣのインタビューに応じ、共産主義時代の死刑判決のすべてが公正であったわけではないことを認めた。そのことを後悔していると彼は言った。

ネジュミエ・ホッジャの場合は違う。九十三歳になる独裁者の妻は、最近アルバニアで人気の、ポーランド系アメリカ人政治学者ヤヌシュ・ブガイスキのテレビ番組に出演した。一時間半のトークの最中、彼女はつゆほども改悛のそぶりを見せなかった。「何も後悔していません」彼女は言った。「わたしたちの国はとても貧しかったし、多くの敵がいました。ああいった活動はすべて必要だったのです」

「あのピラミッドをどうすべきだと思いますか？」そこで私はジェルジ・ンドレツァに尋ねる。

「掩蔽壕と同じようにすべきですよ！　肥料や古タイヤで覆って燃やす。掩蔽壕の破壊は、我々の共産主義からの精神的脱却の始まりです。僕らが共産主義者によって発明された空間で暮らしていくかぎり、ホッジャの精神がここを支配しつづける」

うまくいくでしょうか？「きっとそうなります、鉄鋼価格が高止まりしている間は」ンドレツァは苦々しげに言う。「民間人だけでなく、軍が破壊に取りかかったのだからなおさらね」

5

ベラティ出身の建設労働者ジョニが、家内工業的手法で掩蔽壕を破壊している間、アルバニア軍は組織的にそれを行う。「あいつら削岩機を持ってるんだ」ジョニは賛嘆してヒューッと口笛を吹く。「戦車砲や迫撃砲も撃つ。一日に十基もの掩蔽壕を処理できる。そうすりゃ三千ユーロになるぞ！　あいつら、それだけの金をどうしてるんだろうな……」

私はそれをアルバニア国防省で調べようとしたが、私の質問は部署間のどこかでつっかえてしまった。それ以上のことはアルバニア人記者たちが突き止めた。彼らはセマン近くのアルバニアの観光リゾート地で半ば水に浸かった掩蔽壕を破壊している数台の戦車を見つけた。

「我々はこれをやらねばなりません。海水の渦ができて、人々が溺れてしまいますから」その将校は匿名で答えた。「今日、我々の国にとって観光客は非常に重要です」

軍隊を支援しているのは民間の建設会社だ。そのうち一社のオーナーであるベスニク・ラスクは、若いころ軍務に就いて、掩蔽壕を建設していた。

「涙が出ますよ」彼は認める。「掩蔽壕は私の人生の一部です。いつかなくなるなんて思いもしなかった。それに、掩蔽壕のある場所に高級ホテルやレストランを建てようとする資本家のために、我々がそれを壊すなんて、妙な気分です」

Ⅴ　本能

我々は展望台に座って、熊たちがどのように振る舞うのかを観察し、
そして考えます。どの程度の攻撃性なら彼らに許せるのかを。
すでに限界を超えたのか、それとも、
もうしばらくクールダウンする時間を与えた方がいいのかを。

エストニア——占領者とお茶を

「やあ、友よ。トリニトロトルエンをいくらか都合してくれないか？　君の町にはたくさんの炭坑がある。我々はＩＲＡのように攻撃する——鉄道駅か空港を。返信は個人アドレス宛てにくれ。グリゴーリー」

　十六歳のサーシャがこんなメッセージをスカイプで受け取ったのは、タリンでの暴動の直後だった。ウィキペディアでＩＲＡとは何か調べた。彼は自分が読んだ内容がとても気に入った。「こんにちは《プリヴィエト》、グリーシャ。やってみるよ」と返信し、友だちの坑夫のところへ走った。

青銅の兵士とモスクワ寄りの態度

二〇〇七年四月の末、ファシズムに対する赤軍の勝利の象徴であるタリンの青銅の兵士〔第二次世界大戦を記念した旧ソ連軍兵士像。タリン解放者の記念碑〕が、市の中心部から郊外に移された。

エストニアのロシア系住民はこれを平手打ちと受け取った。タリンは沸き立った。何百もの窓が割られ、血が流れた。ロシア系の若者ひとりが死亡し、数十人が負傷した。何千人ものフーリガン、ロシア人とエストニア人が、店を破壊し略奪した。ヒューゴ・ボスの店を荒らす十六歳の少年たちの写真が世界を駆け巡った。

数日後、私は友人のヤーンと会った。「ロシア人はひどいぜ」彼は腹を立てた。ヤーンは人生の半分をポーランドで暮らしているが、祖国エストニアで起きているすべてのことに興味津々なのだ。「忌々しい第五列め！　裏切り者！　占領者め！」

「占領者だって？」私は驚いた。

「そうさ！　奴らの半分はソ連軍と共にやって来た。俺たちを見張るために。エストニアが反逆しないように」

「裏切り者とは？」

「奴らはみんな、ソ連が戻ってくるのを期待してるのさ」

「第五列とは？」

「奴らは俺たちをロシアに併合する方法を考えてるんだ。我々の政府は奴らを全員モスクワに送るべきだね。エストニアはエストニア人のものであるべきだ」

私はデータに目を通した。エストニア住民の三人に一人はロシア語を話す。六人に一人はエストニア国籍さえ持っていない。それにもかかわらずエストニアは順調で、ＥＵに加盟し、旧ソ連邦構成共和国の中では成長株と言われている。

「そんなに発展させてくれてるのに、第五列とは一体どういうことだ？」私はヤーンに尋ねた。

「行けよ、奴らと一緒にサモワールの茶でも飲んでみろ。どれだけ俺たちを憎んでいるか、自分の目で確かめるんだな」と答えてヤーンは会話を打ち切った。

占領者とカブールのキャベツ

サーシャがトリニトロトルエンを探していたとき、イェレナ・イェドムスキフは親しくしているエストニア人たちから庭の花をもらった。親愛の情からだ。「あの人たちが話しかけてくれなくなるのが怖いわね」彼女は夫に言った。

イェレナは心理療法士。ヴィクトルは占領者だ。ふたりはエストニアの文化と学問の中心都市、タルトゥ近くの小さな村に住んでいる。

イェドムスキフ夫妻の隣人は全員エストニア人だ。しかし関係はとても良好だ。私たちは一緒に紅茶を飲みながら考える——青銅の兵士はここで何かを変えるだろうかと。

「エストニア人は変わってますね」イェレナは賛嘆して言う。「一九一八年まで一度も独立したことがなかった。ここを支配したのは、ドイツ人、ロシア人、スウェーデン人、デンマーク人、あるいはポーランド人でした。似たような民族は人知れず滅びました。彼らは一度も独立のために戦ったことがないのだからなおさらです。彼らが開催したのはエストニア歌謡祭だけ。それが彼らの戦いでした」

　エストニアが独立してから、イェレナとヴィクトルは問題ばかり抱えている。まず国籍が取得できなかった。エストニアのパスポートを取得する権利を持っているのは、一九一八年から四〇年にかけて存在した第一共和国の国民とその子供だけだった。イェレナとヴィクトルは人生のほぼすべてをエストニアで暮らしてきた。にもかかわらず、当局はふたりをロシアに送還したがった。

　ヴィクトル曰く、「私ひとりなら行ってもいいんですが。でも向こうにはだれもいません。うちの娘たちはエストニア人と結婚しました。そして私は突然、自分が占領者だと知らされるのです」。

　なぜか？　そもそもヴィクトルをエストニアへ派遣したのがソ連空軍の参謀だったからだ。彼はパイロットだった。

「世界中を飛び回りましたよ――中国へも、北極の向こうへも。アフガニスタンにも行きました。そこで多くの卑劣なことを目にしたので、アフガン戦争直後にソ連共産党の党員証を投げ捨てました。こういう場合、私に勇敢勲章を授与できるかどうか、三時間討議したという話です。くれましたが」

　この勲章をヴィクトルは空軍将校の紺の軍服の右側につけている。

「私と共にエストニア人たちも従軍していました。私たちは皆ロシア語で話していました。彼らはエストニア語をほとんど知りませんでした。そして突然、一九九一年に、彼らはここの国民で、私は占領者ということになったのです」

イェレナ曰く、「わたしはエストニアのパスポートを受け取りました。市議会議員候補として選挙に出ました。少なくともヴィクトルのような人たちが強制送還されるのを阻止することだけはできました」。

今日ヴィクトルは、エストニア領内に三年間の居住権を持つロシア国籍を有している。イェレナ曰く、「わたしたちが恐れているのは、この混乱によって彼らが『占領者』に対する方針を厳しくすることです。だってわたしたちは第五列なんかじゃないのに！　わたしたちにとって、ここはロシアよりずっとましなんです」。

ヴィクトル曰く、「空軍の同僚と一緒にカブールのバザールを歩いていたら、ひとりの売り子が私たちにロシア語でこう言ったんです。『いいキャベツ、とてもクソッタレ！』だれかにそう教えられて、意味もなくしゃべっていた。ロシア人の若者も同じです。だれかが彼らに、青銅の兵士を守らねばならないと言った。だから守っているんです」。

女性教師とロシア人の警官

ナルヴァ行きはやめるようにと、だれもが私たちに忠告した。マフィア、プロの殺し屋、汚染された空気、爆発する車。それに大勢のロシア人——ここでは住民の六〇パーセント以上がロシア系だ。タリンでの事件のあと、まだ頭が冷えていない人もいた。

イェレナとヴィクトルでさえ、行かない方がいいと言った。

同じことを連日のように、エストニア人アエト・キースラは耳にしていた。にもかかわらず彼女は、ロシアとの国境の都市ナルヴァのカレッジでの教職を引き受けた。

戦前、この街は真珠さながらだった。美しいバロック様式の家々が川のほとりまで連なっていた。黄金期は第二次世界大戦終結と共に終わった。今日のナルヴァは野良犬がうろつき、カモメの群れが飛びかう灰色の団地群だ。街の真ん中には手入れされていない公園がある。国境検問所のある〈友好橋〉の中ほどはトレーラーの列と国境を越えて物を売り買いする〈蟻〉の群れがびっしりだ。川の対岸は——ロシアのイヴァンゴロド。

ナルヴァで聞こえるのはロシア語だけ。住民の九七パーセントがロシア語を話す。調査によると、そのうち六〇パーセント以上がエストニア語をひとことも話せない。

アエトはロシア語学校の教師を育成する専門教育機関で教えている。「わたしたちは主にロシア語で教えています。ただし繰り返しこう言っています。この国で働きたければ、エストニア語を知る必要があると。ナルヴァのような場所であっても、これを曲げるわけにはいきません」

「というと？」

「国営テレビはもっぱらエストニア語です。これでロシア人にエストニア語を学ばせようとしたのです。でも彼らはロシアのテレビ局しか見ません。モスクワはこれを利用して彼らを挑発しています。エストニアはロシア人を手ひどく扱っていると彼らに吹き込んでいるのです。でもわたしたちは対抗措置を取ることができません。ロシア人が青銅の兵士に腹を立てたのは、わたしたちエストニア人の視点からそれを彼らに説明する方法がなかったからですよ！」

数年前エストニアに言語監察局というものができた。アエトによれば、「エストニア語の知識が必須となる十数種類の職業が選ばれました。エストニア語を知らなければ、医者、タクシー運転手、販売員――少なくとも国営店では――になることができません。役所や学校で働くこともできません」。監察局がエストニア語の知識がない者を捕まえた場合――罰と警告が課される。二度目の罰はより重くなる。三度捕まった者は、職業訓練を受ける権利を失う。

コフトゥラ＝ヤルヴェのミハイル・ボグリムは言う。「私の妻は教師です。私たちはエストニア語の講習にひと財産を費やしました。彼らは医者を、優れた専門医を解雇しました。エストニア語を十分に知らなかったからと言って。これはもう差別ですよ！」

だがこれまでのところ、ナルヴァを監査する勇気のある者はいない。アエト・キースラ曰く、「エストニア語では牛乳すら買えません。ときどき腹が立ちます。なぜわたしたちは自分たちの言語のためにこんなに闘っているのか？　なぜならわたしたちは百万人しかいないからです。でもわたしもナルヴァに住んでいるという事実を利用することはありますけど」。

「どうやって？」

「わたしはスピード違反をしがちなんです。エストニアでは罰金が高いんですよ。でも警官に捕まったときは、すごく早口でエストニア語をしゃべるんです。ナルヴァにエストニア語がよくわかる人はいません。だからわたしは大げさな身ぶりで憤慨してみせるんです。ここではまだ罰金を払ったことはありません」

ママ、パパ、エストニア語の試験

サーシャがトリニトロトルエンを探していたとき、私はアーシャ・ミハイリチェンコと紅茶を飲んでいた。私たちはナルヴァから五十キロ離れたユフヴィのバーにいた。

バーの客は半分に分かれる。半分は明らかにエストニア人の顔立ちをしている。あとの半分はさまざまなスラヴ系の顔だ。半分は控えめな服装をしている。あとの半分は高価なブランド物のトレーニングウェア、金歯、アクセサリー。

アーシャは母親やユフヴィの友だちとロシア語で話す。エストニア語を使うのは――タルトゥの大学の知人と話すときだ。

アーシャにとっていちばん腹立たしいのは、多くのエストニア人が彼女を名字で判断することだ。ロシア風の姓だから、彼女と親しくなることができないのだ。「あるときひとりの男の子が近づいてきた。見覚えのない顔でした。僕はロシア人を憎む、とだけ言うと去っていった」

現代史の授業にアーシャはあまり出たくない。学生と講師陣によれば、世界のすべての悪はソ連――今日のロシア――のせいなのだ。まるでアーシャ個人がエストニアを占領したかのような目で彼らはアーシャを見る。そんなときは穴があったら入りたい。「わたしは一〇〇パーセントのロシア人というわけでもないのに」アーシャはぼやく。

彼女の母親はタタール人だ。大学を卒業してすぐ、ロストフ・ナ・ドヌからエストニアにやって来た。ここに来たのは愛のためだった――婚約者が当地の鉱山の仕事に派遣されていたのだ。当時はここの住民の半数以上がオイルシェールの採掘で生計を立てていた。最初のぼた山は市の中心部から数十メートル離れたところで始まる。

　アーシャの母親は監査官だった。食料品店を調べていた。生活は申し分なかった。エストニアはソ連邦構成共和国の中で最も裕福だった。できればここで暮らしたいとだれもが思っていた。ヤン・レヴァンドフスキは著書『エストニア』の中でこんなアネクドートを引用している。カラカルパク自治ソヴィエト社会主義共和国のフェンシング選手たちは、自分たちがもう西側にいるのだと思って、タリンで政治亡命を求めた。

　アーシャの家で足りないものはなかった。店長らが何籠もの食料品を付け届けしてくれた。父親は鉱山労働者だった——それはこの地域で最も権威ある仕事だった。両親はエストニア語をひとことも知らなかった。だがどうやって知り得ただろう？　隣人が全員ロシア人だったというのに。

　アーシャが五歳になったとき、父親が坑内監督になった。そのとき初めて一度だけ、祖父母が彼らを訪ねてきた——ロストフから列車で三日がかりで。

　一年後、ソヴィエト連邦が崩壊して、すべてが崩れはじめた。新政府はアーシャの両親に国籍を与えなかった。ふたりは〈エストニア語の試験〉に合格しなければならなかった。アーシャのママは六回試験を受けた。近所に住むエストニア人女性が例題を見てくれた。彼女は子供のころからエストニア語を話しているにもかかわらず、解答の半分はわからなかった。

　それでママは講習に行った。数百ユーロ払って、夜ごと試験勉強をした——でもまたもや駄目。その間に法律が変わって、エストニア語を知らないと店の監査ができなくなった。ママは解雇された。店長たちはママのことなんか知らないというふりをした。結局、哀れに思ったひとりが、掃除婦として雇ってくれた。

父もまた順調ではなかった。かつてオイルシェールの販売はすべてソ連向けだった。一九九一年以降は買い手がいなくなった。ある日、父は失業した。彼は自分の居場所を見つけることができなかった。少し酒を飲んだり、少しテレビを見たりした。窓の外をぼうっと眺めることがだんだん多くなった。十数カ月後ロシアに発った。落ち着いたら戻ってくると言っていた。あれから十二年、音沙汰がない。

センター長と無力な囚人たち

「ロシア人っていうと、ここではもっぱら大音量の音楽と毛皮のコートとひどい厚化粧を連想します。でもわたしたちエストニアのロシア人は、ロシアのロシア人たちとは全然違いますよ」エストニア多発性硬化症協会の療法士兼会長、ヴラディスラヴァ・ヴァシュキナは言う。

ロシア系住民の統合は当初からエストニア最大の問題だった。二〇〇五年、タリンの研究者チームがその影響をまとめた。結果は衝撃的だった。およそ半数以上のエストニア人はロシア系住民の在り方を受け入れていないのだ。三人に一人はロシア人と一緒に働きたくないという。エストニア人の八五パーセントは親しい友人の中にロシア人がいない。これらの指標はすべて上昇中だ。

別の調査によると、一九九一年以降、エストニアのロシア系住民の自殺件数が四〇パーセント増加している。

コフトゥラ＝ヤルヴェでは五〇パーセント以上。

私たちはヴァシュキナ女史と共に、エストニア人ルート・テラのところでお茶を飲む。ルート・テラは元囚人とホームレスのためのセンターを運営している。このセンターは一九五〇年代に建てられた〈スターリン様式建築《スターリノフカ》〉内にある。パネル工法の〈フルシチョフ様式建築《フルシチョフカ》〉よりも耐久性は高い。にもかかわらずセンターの建物からはモルタルがぱらぱら落ちている。崩壊するのかもしれない——二百メートル先で鉱山の敷地が始まる。

「コフトゥラ＝ヤルヴェはひどい場所です」ヴラディスラヴァは言う。「二万人がエストニア国籍、五千人がロシア国籍を持っています。そしてあとの二万人はどこの国籍もないんです！」

「どこの国籍も？」

「エストニア語の試験で不合格だったか、試験を受けなかった人たちです。でもロシア人にはなりたくなかった」

「どうやって暮らしてるんですか？」

「普通に。ただし投票はできません。それにどこの国に行くにもビザが必要、ロシアに行くにもです。さらに悪いのは、そうした無国籍者の頭の中で起きていることです。数年前、わたしたちは彼らのアイデンティティについて意識調査を行いました。結果は恐ろしいものでした。彼らは自分がどこに属しているのかわからないのです。自分が生まれた国エストニアは彼らを望んでいない。ロシアも自分の国ではない。これは衝撃的です！」

「なぜですか？」

「ソ連時代、ロシア人はここで特権を与えられていました。突然それが終わったのです。彼らは威信、仕事、国籍を失いました。数カ月のことにしては多すぎます。多くの人は耐えられませんでした」ルート曰く、「そのうえ短期間に五つの鉱山、コフトゥラ、ソンパ、タンミック、アフトゥメ、キヴィオリが閉鎖されました。人々はそれに対する準備ができていませんでした。彼らを援助する必要がありました」。

彼女のセンターは、刑務所から出たものの行き場のない人たちの場所になるはずだった。ルート曰く、「一九九〇年代半ば、ソ連時代に投獄された大勢の人たちが釈放されました。彼らの家族はロシアに移住していたため、ここには身寄りがいませんでした。彼らはショックを受けました。別の国、別の通貨、店、商品、権利。ロシアは彼らに犯罪者だからという理由で国籍を与えませんでした。エストニアも国籍を与えませんでした――彼らは言葉を知らないからと。五十近くにもなった人が外国語を習得するのは本当に難しいことです。エストニア語はフィン・ウゴル語派で、時制が十四もあるんです」。

一九九〇年代半ばには失業率もピークに達した。

ヴラディスラヴァは言う。「幸い、いまは状況が変わりました。元鉱夫のための講習があります。建設労働者、溶接工、菓子職人などになるコースです。大勢が仕事を見つけました」

高価なシャンデリアと教授の誕生日

「ロシア人がここは居心地が悪いと思うなら、ロシアに行けばいい」生粋のエストニア人、マルト・ペクターは言う。

私たちはタリンの上流階級お気に入りの場所、〈バー・モスクワ〉に腰を下ろしている。壁には高価なシャンデリア、ホールにはミニスカートのウェイトレス、天井にはクリスタルミラー。安ピカ物の虚仮おどしと絢爛豪華。

マルトは政治学科の学生だ。エストニア人の八五パーセントと同じく、知り合いにロシア人はひとりもいない。それに知り合いたいとも思わない。彼の住む街の住民の半数はロシア系住民だというのに。

「近所にひとりいる。僕はそいつにときどきエストニア語で『こんにちは』――『テレ』と言う。でもそいつはわからないふりをするんだ。ちきしょうめ、僕らは独立したエストニアで暮らしてるんだ。エストニア語で話そうぜ！」

青銅の兵士？　マルトは毎日大学へ行く途中、その横を通り過ぎていた。年に一度、勲章をじゃらじゃらつけた金歯の老人たちと、カーネーションの束を抱えた女たちを見かけた。彼らは五月九日の戦勝記念日に集まった。このかつての時代の無防備な展示物がみずからの記念日を祝うことを禁じられているとは、マルトには思いも寄らなかった。彼はそうしたことを民間伝承のように思っていた。

何もかもが一年前に変わった。「右翼の喧嘩好きな連中が退役軍人たちに抗議しようとした。警察が連中を逮捕した。大した事件じゃなかったが、メディアはこう伝えた。占領者が花束を捧げられるようにするため、エストニア警察はエストニア人の若者を逮捕する、と」

「それで？」

「そうあるべきとは僕も思わない。僕自身、ソ連のことはあんまり憶えてないんだ。憶えてるのはメーデー行進だけ。あれは好きだったな。タリンは灰色でさびしかった。でも行進は——陽気でカラフルだった。バルト三国の人間の鎖も憶えてる。リトアニア、ラトビア、エストニアの二百万の人々が並んで手を取り合った。これは長さ六百キロの平和デモだった。僕たちは歌った。すばらしかったよ。子供にとってはすごく楽しかった。ロシア人たちさえ加わっていた。彼らもソ連がひでえクソだってことはわかってたんだ。あと、うちの父親がロシア人上司を罵ってたことも憶えてる。父は学術機関で働いていた。准教授から上は、ほぼ全員がロシア人だった。彼らはここで至福の生活を送ってたんだ。あるとき父は上司のアントーノフ教授のところへ行って、昇進に関する見通しを訊いた。教授曰く、『同志よ、クラブであなたを見かけませんね。私の誕生日パーティーに来なかったでしょう。私はあなたのことなんかほとんど知りませんよ！　あなたが昇進すべきかどうか、どうして私が知ってるんです？』僕の友人が言うには、もしかしたら気質の違いかもしれないと。つまり、ロシア人は宴会好きで、親しく交わり、背中をたたき合うのが好きだ。彼らにとってはそれが重要なのだと。

　エストニア人は冷淡だ。ウォツカを大量に飲んでも心を開いたりしない。自分の問題についてだれかに語るなんてことは僕らには理解できない。

　でもいまではうちの父も言っている——自分なら青銅の兵士は元の場所に残しておくだろうと。なぜなら、あれは占領者ではなく、理想主義者の兵士だから。占領者と成金どもはそのあとにやって来た」

「で、君は？　どう思ってる？」

「ロシア系住民はつまはじきにされて当然だと思う。彼らの四人に一人はエストニア語を話さない。ひとことも。こんなのあり得ないよ！　だれだって数フレーズくらいは覚えられるさ。彼らは強大国の態度を取っている。エストニア語の学習は彼らの名誉に悖《もと》るってわけ。ときには彼らに思い出させてやらないと、ここはもうロシアじゃないんだって」

「彼らは忘れていませんよ、半数はパスポートを持ってないのだから」

「なぜ持たなくちゃいけないんだ？　彼らがエストニア語を学ばなかったのは、ロシアがここに戻ってくると思ってたからだよ。彼らはソ連が本当に崩壊したとは信じていなかった。いまだって、ロシアはつねに自分たちを支援してくれると知っている。もしも国境の向こうにビッグ・ブラザーがいなければ、とうの昔に話はついていただろうけどね」

二人の坑夫と酔っ払いの兄弟

コフトゥラ＝ヤルヴェの若者が夜にくりだす場所と言えば、〈バー・アレックス〉か、スターリン様式建築に囲まれた公園の二択だ。彼らは公園を選ぶ——ここならお金を払う必要がない。彼らは、重たいつるはしを誇らしげに持つ二人の坑夫の記念碑の陰にあるベンチに座るのが好きだ。住民はその二人をロシア語で「ニェピユーシ」、すなわち禁酒主義者と呼んでいる。この二人は、みずからの禁酒の高みから、長年にわたってメーデー行進を観察してきた。一九九一年以降すべての国民の祝日に、二人の傍らでエストニア国旗がはためく。この旗から私は地元の高校生たちとの会話を始める。

ユリア「あれを見るとうちの両親が迫害されたことを思い出します。父は腕のいい外科医でした。サンクトペテルブルクの医学アカデミーを卒業しています。エストニア語を習得しないでいたら解雇されました。患者さんはロシア人ばかりだってことなんか、おかまいなしに。いまは自動車教習所の教官をしてます」

サーシャ「あれは僕の国の旗だ。この国が僕をつねにフェアに扱っているわけではないということはまた別の問題だ」

イヴァン「エストニア人はファシストだ。しかしこれは僕らの国でもある。僕らは彼らを文明化すべきだ」

「ファシスト？」私は理解しようとして尋ねる。

イヴァン「ええ。彼らは一度もファシズムと戦ったことがない。赤軍を支持しなかった……」

「それはソ連の国土に組み込まれたくなかったから……」

イヴァン「それはファシストだからさ。彼らは毎年ここでＳＳ退役軍人の集会を開いてる」

イヴァンは最も過激だ。タリン暴動に参加したのは彼だけだ。残りの生徒たちは青銅の兵士とは別の問題を抱えている。

ミーシャ「一カ月前エストニアのパスポートを受け取ったよ。試験は最近簡単になってきてる。休暇はロンドンのいとこのところへ行くんだ。少しは稼げるかな」

ナースチャ「わたしはパスポートを持ってない。どちらを取るか、まだ決めてないの。ロシアには親戚がたくさんいる。でも西側にも惹かれるし。でもやっぱりロシアのを取るかな。女優になりたいし、最高の演劇学校はモスクワにあるから」

ヴェロニカ「わたしもパスポートを持ってない。お母さんが取得するまで待ちます。母と違う国籍は持ちたくないので。わたしが生まれたとき、エストニアはもう独立してたから、パスポートはすぐにもらえたはずだけど。でも待ちます。これは国籍に対する一種の抗議です」

私は高校生たちに、自分をロシア人と感じるか、それともヨーロッパ人だと感じるかと尋ねる。サーシャだけがよりロシア人だと感じている。

サーシャ「おじ、おば、祖父母――みんなロシア人です。僕の両親がここにいるのは、仕事でたまたまそうなったんです。父と母は退職したらロシアに戻りたがってます」

サーシャのように答えるのはロシア系住民のわずか一〇パーセントにすぎない。二〇〇五年の調査によると、ほぼ七〇パーセントが自己を独立国エストニアと同一化している。そのうち半数しかエストニア国籍を持っていないにもかかわらず、そうなのだ。

ナースチャ「もしわたしがロシアのパスポートを取るとしても、自分はヨーロッパ人だと感じると思う。わたしたちはロシアにいる親戚とは全然違うもの。ロシアの親戚はわたしたちのことがあまり好きじゃない。エストニアの繁栄を羨んでいる。おばあちゃんはわたしを『わたしの小さなエストニア人』って呼んでる」

ミーシャ「モスクワ郊外のいとこのうちを訪ねたとき、自分がいかに彼らと違うかがわかった。僕にとってインターネット、チャット、スカイプは当たり前のものだ。いとこたちは同年代だけど、それが何なのかさえ知らない。それってバケツで運ぶのか、それともスプーンでか」

ユリア「わたしの父のところにウラル山脈の向こうから兄弟がやって来たことがあった。一緒に飲んで、ウォツカが切れたら、おじたちはキーを手にして車へ向かったの。父は戸口に横たわってこう言った。『俺が死んでもそうはさせん、さらにだれかを殺すことになるぞ！』エストニアでは飲酒運転は重罪なの。おじたちは父を見てこう言った。『おまえはもうロシア人じゃない。おまえはもう俺たちの兄弟じゃない』って」

トリニトロトルエンとヒューゴ・ボスの服

アーシャ・ミハイリチェンコの母親は、もう一度エストニア語の講習に参加した。七回目でなんとか試験に合格した。もしすべてがうまくいけば、半年後に彼女はエストニア人になる。

タリンの政府は、ロシア語テレビチャンネルの立ち上げを真剣に検討している。

エストニアのポータルサイトのインターネット・オークションでは、いまでも時折ヒューゴ・ボスの服をお買い得価格で見かけることがある。

私の友人ヤーンはすでに落ち着いている。そうした感情の爆発はだれにとってもよかったのだと考えている。それでもやはり、ネヴァ河畔よりエストニアで暮らすほうがましなのだと、ロシア系住民に悟らせるべきだ。そしてエストニア人には自覚させるべきだ——ロシア人がエストニアを我が家のように感じれば、彼らは大したことはしない、ただ手ひどい扱いを受けたロシア人だけが第五列になり得るのだ、と。

サーシャはトリニトロトルエンを見つける前に、ヴラディスラヴァ・ヴァシュキナに電話した。かつて彼はヴァシュキナのところへ治療に通っていたことがある。サーシャにとって彼女は信ずるに足る人だ。彼はどうすべきかと尋ねた。「それから離れなさい」――ヴァシュキナは言った。効いた。いまのところ、タリンの駅も空港も元の場所に立っている。

Ⅵ　冬眠

もし熊たちが冬眠に入ることができるなら、
それは自由への道を歩んでいるということです。
もはや今日という日のみを生きているわけではない。
厳しい時期に備えることを学んだのです。

ポーランド――国営農場のホビットたち

「貧困と失業がわたしたちを家から引っぱり出したんです。そうでなければ、だれもこんな莫迦な真似はしなかったでしょう」ガンダルフは言う。私はポーランド北西部の都市コシャリン近郊のかつてのＰＧＲ《ペーゲーエル》（国営農場）で個人的に彼と会った。

私はルブリン県内の村長たちと共に、二十一世紀に己の居場所を見つけた村を訪問中だ。これまでに、〈世界の終わり〉、〈迷宮〉、〈おとぎ話〉、〈自転車〉といった村々、そして〈健康生活村〉を訪れた。村長たちは、似たようなのを自分たちの村で立ち上げられないかと調べている。

次の目的地は――シェラコヴォ・スワヴィェンスキェ。つまり〈ホビット村〉だ。「食われないようにしないとな」村長のひとりが笑う。

我々はトールキンの登場人物が住む木造小屋のそばにバスを停める。主なアトラクションは森での野外ゲーム、そこでは登場人物たちに直接会うことができる。六月だけでホビット村には三千人が訪れた。我々は入場券を十五ズウォティ〔日本円で約四百五十円〕で買う（スープとソーセージ代込みの値段）。ガンダルフみずから地図を手渡してくれる。我々は森へと出発する。

ガンダルフはテレビを見る時間がない

「八年前、コシャリンの学者、ヴァツワフ・イジャクがここに来ましてね。『あなたがたのところにはホビット村が見える』と言うんです。あのう、ホビットって何ですか？

初めは大変でした。おばあさんたちは店先でこう話してました。『顔を塗って、村中を歩きまわるなんて。恥ずかしい』って。それに対してわたしはこう言いました。『お宅じゃ月に一度、郵便配達がノックして、年金を持ってきましたよ、と言う。うちに来るのは請求書ばかり。生活費を稼ごうと思うことは恥ですか？』って」

ガンダルフの髪はブロンド、四十少し手前の女性だ。子供たちのグループが森へ行くとき、村の広場で指導しているのが彼女だ。

「子供たちはときどき言うんです。ガンダルフは女じゃなかった、って。わたしは手短に答えます。どうやってわかるの？　彼をじっくり見たことがある？　それで十分。もちろん、こう言うのは年上の子たちにだけです。もっと幼い子たちには鬚を引っ張らせます。子供たちをおどかすこともあるわね。

ときには顎鬚を引っ張って、なんで顔にモップをつけてるの、と訊く子もいます。衣装を着てるだけじゃん、と言う子も。わたしはそれに答えて、君も服を着てるよね、って。わたし個人の問題には首を突っ込ませないわ。人生であまりに多くの経験をしてきたから。

いまはもう前よりましね。それに仕事もある。十五時までわたしはガンダルフ。それから服を着替えてマウゴジャータさんに戻る。すばやく車に乗り込んで、女性の同僚たちと別の仕事に出かける。

シェラコヴォですか？　夫が営林署からここに派遣されたんです。二十年前の七月、ここに着いたら、至るところでエニシダが咲いていた。黄色くてきれいだった。わたしたちはこれから楽園で暮らすんだって思った。でもようやく十一月に引っ越してきたら、灰色で寒くて陰鬱だった。エニシダは切り株しか残っていなかった。泣きたくなったわ。

十数年間ずっと家にこもりっぱなしだった。わたしは洗濯、掃除、炊事をする典型的な主婦でした。それと子供を病院に連れていくこと。娘は脾臓と肝臓に問題がありました。週に三度、娘と一緒にＰＫＳ《ペーカーエス》〔国営交通〕のバスでコシャリンまで行かなくちゃならなかった。

ホビットのおかげで村は変わりました。そしてわたしも変わった。以前は暇さえあればテレビの前に座ってました。番組表を全部暗記していたほど。いまじゃもう、最後にテレビを観たのがいつだったか憶えてません。たぶん五月ね。

以前はだれもがこう尋ねたものです。シェラコヴォってどこにあるの？　わたしはこう答えてました。シャヌフ郡、マッチを作ってるところ。いまじゃシェラコヴォと言えば、みんなが口を揃えて『ホビット！』と言うわね。

四年後、初めてひとりで森のツアーに出てみました。トロールを目にして、わたしは逃げ出した。ようやくアスファルトの道路まで走り着いたところで、自分にこう言ったわ。莫迦ね、逃げるなんて！　トロールたちはあんたの同僚じゃないの！」

イジャク博士ははしごのてっぺんから下りる

アスファルトの道路を数百メートル行けば、村はずれにたどり着く。ここにはちょっとした丘がある。ほぼ村全体が手に取るように見える。小さな教会、ドイツ占領時代の家が数十軒、いまにも学校であることをやめてしまいそうな学校。

テーマ村の推進者、ヴァツワフ・イジャクがここにたどり着いたのは、シャヌフ郡の戦略に取り組んでいたときである。「私たちは住民と共にこの地域の地図を作成しました。魅力的な場所を探していたのです。シェラコヴォの地図はすばらしかった。森の中の巨石墳墓、何かのストーンサークル。すぐにトールキンが思い浮かびました」

イジャクはポズナンの大学でポーランド研究科を卒業した後、文化センターで働き、その後、社会学と哲学の講師をしていた。一九八九年、彼はなるたけ変革の間近にいたいと思って——大学を辞め、パン屋で働きはじめた。「私は新しい種類のパンを作り出しました。その後、オーガニック食品の卸問屋を経営しました。そしてついにコシャリンの地域開発局長になったんです。そのときすでにテーマ村を推進しようと試みていました。しかし住民にはそうしたことを考える頭がありませんでした。はしごのてっぺんから、下で何かをするのは難しい。私は開発局を辞め、妻と共に地域を歩きました。

最初の試みですか？　ヴィエジュビネクという場所でした。私たちは人々に文化的な参考文献の探し方を教えています。ヴィエジュビネクと言えばヴィエジバ――ポーランド語で『柳』だ。ゲーテは柳について書いている。そこから悪魔、ショパンと連想が働くのです。

私たちがもっぱらお金のことばかり考えていると思っている人もいます。自分たちがホビットでひと儲けしたいのだろうと。それは違います。私たちはＥＵの助成を受けています。多くの財団からの支援も利用しました。私は社会起業家を支援する組織、アショカの奨学生でした。ホビットからは一銭も受け取っていません。

始まりですか？　私たちはここでは有名でした。地域の村々で、お祭りやジャグラー大会、アートのワークショップなどを開催していたのです。シェラコヴァの人たちはそれを知っていました。しかし初めて彼らにホビットの話をしたとき、私はだれかが立ち上がって、頭をトントンたたくだろうと思っていました」

魔女とインターネット

「何人かはそうやって莫迦にしましたよ。でもどうしてここでそうせずにいられますか？　わたしはたとえば子供たちに、蜘蛛ひとつかみと蚊ひとつかみと沼の水でつくった飲み物を出すんですよ」と魔女が言う。

魔女の王国の看板にはこう書いてある。「シェラコヴァ・スワヴィェンスキェ消防集会所は住民の寄付とPZU《ペーゼトゥ》〔ポーランド最大手の保険会社。元は国営〕予防基金によって建てられました」。ドアの向こうには――インターネット接続のできる小さな図書室。ここで魔女はエディタさん――笑顔がとってもすてきなショートカットのブロンド女性に変身する。

「ホビットですか？　あるとき従妹が魔女役に行けなくなって。わたしは言ったんです。『代わりに行くわ、ただ何て言えばいいの？』それで袋をかぶって、顔を真っ黒く塗って、子供たちを怖がらせに行ったんです」

その従妹はエント女だ。私たちは集会所のテーブルに一緒に座っている。「このプロジェクトには当初から携わっています。というのも、すべて学校周辺で組織されたので。わたしはボグスワヴァという本名で学校で働いています。というか働いていました。なぜかというと郡がうちの学校を閉鎖してしまったから。

閉校することは以前からわかっていました。わたしは二〇〇四年に大学を卒業することになっていた。けれど高給取りの教師になったら、だれも雇ってくれないのではと怖くなりました。大学卒業者の給料は一般の人より高いんです、法律上は。それでわたしは安月給の教師のままでいようと思いました。ようやく今年になって踏ん切りがつきました。いまは大学院で三つの研究をしています。いくつか研修にも通ってます。なるようになるさ。それでうまくいきました。わたしはシャヌフの集会所に働きに行きます。

学校のことは本当に残念です。うちの生徒たちは今年、郡のキリスト降誕劇コンクールで賞を獲ったんですよ。パソコン室には新しい備品が入っていたし。ビルボの誕生日には人形劇をしました。うちの学校ほど、こんなにいろんなことをやっている町はそう多くないでしょう。

でも生徒はたった十二人しかいませんでした。郡の計算によると、学校にかかる費用は毎年三十万ズウォティ〔日本円で約九百万円〕。全会一致で廃校が決まりました」

女村長はえんどう豆の莢を剝く

どうやら女村長はホビットと戦争状態にあるらしい。なぜか？　だれもよくわからない。最初は彼女も関わっていた。郡長は村長にダチョウを一羽購入し、村長が子供たちに呼び物として見せることになっていた。

だがその後、態度が変わった。木戸を閉めてダチョウを隠すようになった。その後ダチョウは死んだ。何が問題だったのか？　わからない。私は訊きに行く。

村長はマリオラさんという、具体的で、エネルギッシュで、実務的で、活動的な女性だ。ちょうど息子たちとえんどう豆を収穫したところで、これから莢を剝かねばならない。ホビットについては話そうとしない。「わたしはホビットに好意的だと書いてください」そう言って、私に別れを告げようとする。そうはさせない！　村長ほど村の生活について知っている人はいないのだ。それで私は莢剝きを手伝うことにして、折を見て村やその問題について話すことにする。

「でもホビットについてはひとこともなしですよ！」村長は強調する。

私たちは腰を下ろす。私はおとなしく豆の莢を剝く。「ここにいるのは主に一九四七年のヴィスワ作戦〔ポーランド共産主義政権がポーランド南東部に住んでいた約二十万人のウクライナ系住民をポーランド北西部の旧ドイツ東部領土へ強制移住させた政策のコードネーム〕で強制移住させられた人たち。とても勤勉です。酒屋の前で安ワインの瓶を持ってたむろする人なんて、ここではいたためしがありません。問題ですか？　最重要課題は道路ですね。あちこち穴ぼこだらけで。最近、昔の農場の四世帯用共同住宅で火事がありましてね——消防隊が現場まで行くのが大変でした。救急車については言うまでもありません。うちの村は大部分が高齢者です。何かあったときに救急車が間に合わないのではないかと皆さん心配しています。

第二の問題は携帯電話のサービスエリア不足です。ほとんどの携帯電話がうまくつながりません。いまは二十一世紀で、ドイツとの国境のすぐそばだというのに。想像もつかないわ。

第三の問題は若者の減少です。住民二百人のうち五十人は戦前または戦中生まれです。若い人たちは行けるところならどこへでも逃げていってしまいます」

ゴラムはマルボロを吸う

ゴラムは、本名のゼノンさんとして、村で店を経営している。私たちは小さなベンチに腰を下ろし、〈ティスキェ〉ビールを飲み、マルボロを吸う。村々でフィルターなしの煙草を吸い、「脳殺し」と呼ばれる安ワインを飲んでいたころを思い出している。

それももはや過去の歴史だ。ゴラムの店で安ワインを買う人はほとんどいない。昔からの常連客は店の横のテーブルでビールを楽しみ、いかにポーランドで民主主義が破壊されているかを話し合う。

「自転車に乗ったからって運転免許を取り上げられるなんてよ……。そんなのゴムウカ〔一九〇五―八二。一九五六―七〇、ポーランド統一労働者党第一書記〕時代ですらなかったのに……」

「だっておまえが酔っ払ってよ、ヤーシ、その自転車に乗ったからだよ」あまり酔ってない方が言う。

「どうでもいいさ。昔はトラクターだって飲酒運転してたんだぜ。民警とならいつだって話はついたもんだ。いまや警察国家だ」

私たちはホビットに戻ろう。「ゴラム？　かつては常連客のひとりがやってたんだが、気が狂っちまってね。指輪のせいで。指輪のために弟を殺したんだ」ゼノンさんは話しはじめるが、別の客がやって来る。彼はカウンターに行かねばならない。

「そういうことが隣村であったんだが」自転車愛好家が思い出す。「ただ指輪のことで争ったわけじゃなくて、女をめぐってだ」

「いやいや、土地をめぐってだ」もうひとりが思い出す。「兄が弟を殺した。これは誓って本当だ」

ゼノンさんが吸いかけの煙草と中断した話に戻る。「団体客がやって来ると私は言うんだ。『ようこそホビットの皆さん。私もホビットです』すると客は叫ぶ。『あんた全然ホビットなんかじゃないぞ！』それから池の中で指輪を探しはじめるんです」

「教えてやれよ、ゼノン、池をどうやって作ったか！」

「偶然ですよ。数年前ジャガイモを植えたんです。そしたら小川が流れ出して、ジャガイモが腐っちまった。でも耕耘機を引きずって小さな穴を掘りました。そこで指輪探しをしてるんですよ。深さは膝までですが、三メートルあるって言ってます。

去年は女の人が両手両足でロープにしがみついてました。お尻がもう底についてるのに。すごく怖がってましたよ」

「ゼノンくん、俺にも何か仕事を世話してくれないかな?」自転車愛好家が言いだす。

「トロルとドワーフ、どっちがいい?」ゴラムは笑って尋ねる。「どうです、うちの親は地面を耕すだけで生計を立てていた。なのに我々ときたら、もはやほとんど何も植えてない。私は去年、五ヘクタール植林しました。EUがお金をくれるんです。郡が許可すれば、ここの土地はすべて植林されますよ」

エルフの女王は映画好き

「現代の子供たちには何か悪いことが起きている」女王ガラドリエルは自分の考えを述べる。「エルフの女王であるわたしのために花を摘むことを考える代わりに、トロルをぶつ棒切れを探している。わたしたちが子供のころはもっとおとなしかったのに」

エルフの女王——本名マウゴジャータさん——は、あえて今年、水産物加工会社エスペルセンに就職した。

「なぜあえてそうしたか? なぜなら長い間働いていない人が初めて努力するのは難しいから。真面目な話、わたし働くのは初めてなんです」

ウェブサイトには次のように書かれている。「国際企業エスペルセンの使命は、ヨーロッパ人の食卓にバルト海の水産資源を供給することです。主力製品は、魚の冷凍ブロック、フィレ、切り身、豊富な種類のフライもあります」。

　これら主力製品を、エルフの女王は骨を取った後、パック詰めしている。いまは一カ月の休暇中。これからどうなるのかは――よくわからない。

「ホビット村の仕事を辞めないといけなくなるかもしれません。残念ですけど。でもホビットは年金を払ってくれませんが、エスペルセンは払ってくれます。

　子供たちですか？　わたしはよいキャラクターです。子供たちはわたしから、彼らを守ることになっている道具《アーティファクト》を受け取ります」

「何を受け取るんです？」

「だから言ってるじゃないですか――アーティファクトですよ。でもグループが質問に答えない場合――わたしは人質を取ります。何を問うのか？　トールキンにはどんな登場人物がいるか。あるいはなぞなぞを出します。木から落ちる黄色いのや赤いの、風がそれをあっちやこっちへ運びます。さてそれは何でしょう？

　なぞなぞはインターネットで探してきます。コンピューターなしでの村の生活は、もはや想像もつきません。

　去年はとても大勢の観光客が来ました。おおむねだれもが満足しています。ちっぽけな村に――こんなにたくさんの観光バスが来て。

　わたしを目にして、ときどきこう呼ぶ人もいます。『赤ずきんちゃん！』わたしはそれに答えて、『残念ね。でもあのおとぎ話じゃないの』。
ときには先にトールキンの本を読んでいて、気に入らないという子もいます。本と違うじゃないかって。わたしは本は読んでいません。みんなで映画を観に行ったので。読書は好きになる必要があります。わたしは好きじゃないんです。でも映画はすごく楽しかった」

トロルその一は郡を待っている

「手首を持ち上げると、指が動かせないんですよ」トロルその一は国営農場での事故で、ほぼ完全に押しつぶされた片手を見せる。「二本の金属ローラーの間に手を引き込まれたんです。医者たちは腱一本しか救えませんでした。

でも私は人生にこんな態度で臨んでいます。人生は一度きり、くよくよしても仕方ない。今日はひどくても――明日はよくなるかもしれない。いまのようにね。四月に私の家が火事で燃えました。私たちは旧農場の古い四世帯用共同住宅に住んでいました。郡は十一月までに建て直すと言ってるが、まだ始めてもいない。私は妻と子供と一緒に学校で暮らしています。で、私は泣かなくちゃいけませんか？

シェラコヴォですか？　私がここにいるのは国営家畜飼育場PGRソヴノのせいです。父が事故に遭い、私は十四歳にしてひとりで農場を経営する羽目になりました。でも妻はPGRの出です。妻はPGRに戻りたがりました。なぜかというと、あそこでは何でも与えてくれるから。PGRがつぶれると、私たちはクロニュフカ〔失業給付金。元来は一九九〇年代初頭、労働社会政策大臣ヤッェク・クーロンによって路上で住民に提供された無料の食事のこと〕で生活してました。

ホビットですか？　私がいちばん気に入っているのは、お金がすべて村に入ることです。お祭りがあるんですけど――村の女たちが料理を作り、村の店主がビールを売って、村の音楽の先生が演奏する。稼ぐのは皆、村の人たちであって、よそ者ではありません。

子供たちとの付き合い方はすぐに覚えますよ」

「覚えなけりゃ、どうやって自分の子を十一人もこしらえたんだ」新聞の陰からそう言うのは、中つ国の鍛冶屋、ステファンさん。

「うちは七人だけだ」トロルその一は憤慨する。鍛冶屋はあきらめない。「何だって？　ツアー客の赤毛女の二人に一人はあんたのもんじゃないか」

トロルはあきらめたように手を振る――無傷な方の手を。

「教育研修も受けました。子供があなたに近づくのと同じやり方で子供に近づきなさい、と教わりました。子供が感じよくするなら――あなたも感じよくしなさい。子供が叫んだら――叫びなさい。

そういう研修を全部で三十回か四十回も受けました。専門学校出の自分が、人生でこれほどたくさんのことをさらに学ぶとは思いもしませんでしたよ。そして私たちは世界中を旅しているんです！　オーストリア、チェコ、スロバキアに行きました。あとイギリスにも。

しかし子供たちには自然についても教えています。都会の子供はアヒルの見た目がどんなふうか知らないんです。魔女が蚊を捕まえてくるよう命じると――子供たちは探しに行きます。昼間は蚊が飛ばないことを知らないんです」

トロルその二はホビットに賭ける

「最悪なのは、今後どうなるのかわからないことです。もし郡が我々に旧校舎を提供してくれるなら、我々には非常に広範な開発計画があります」

トロルその二――またの名をユゼフさん――はホビット庄の責任者だ。「いまやすでに三十人ほどの人がホビットで生活費を稼いでいます。数千人のお客さんを迎えています。我々はプロフェッショナルです。具体的なお金も入りはじめています。額ですか？　計算するのは難しいです。けれど、シーズン中は一人当たり数千ズウォティは集まります。

しかし、もし校舎を提供してもらえなければ――やっていけるのかどうか、言うのは難しいですね。このすべてが無駄になるとしたら残念です。人々は変わりました。他人に話しかけるのを怖がっている人もいたのです。いまでは――話し好きで勇敢になりました」

ユゼフさんはかつて船舶設備工場で働いていた。その後、自分の事業を始めた。「最初はまずまずでした。兄と私は周辺の村々に五軒の店を持ってました。私たちは車をリースしました。しかし社会が貧しくなりはじめた。だれとの関係がいちばん悪くなったか？　仲間とですよ！　仲間に信用貸しはできないのか？　ああできますとも、でも、あいにく私はこの周辺には仲間ばっかりでね。それで店一軒だけで七千も信用貸しができちまった。私たちが最も勇敢でした。そういう人たちがあの当時いちばん痛い目に遭ったんです。いまだって私たちは最も勇敢です。ポーランド中からこの村へ学びに来るんですよ。

あの小屋が見えますか？　十数年前に私が建てました。友人たちと一緒にフィアット１２６ｐの部品を作ることになってたんですが、うまくいきませんでした。今度はここが居酒屋兼宿屋トロル亭になります。私たちは会社を設立しました。ホビットだけで生計を立てようとしているんです」

「うまくいきますかね？」

「ええ——もちろん。うまくいかなければ——何か別のことをやってみますよ」

イジャク博士は球をジャグリングする

ツアー終了。ヴァツワフ・イジャクはルブリン県の村長らのグループの向かいに立つ。四つの球を手にしている。右手でそのうちの一つを投げ上げ、受け止める。単調に、ゆっくりと。「長年、村ではこうでした。一つのスキルを習得すれば事足りたのです。種まきでも、家畜の飼育でも、何でも。しかしいまや時代は変わりました」そしてイジャクはジャグリングを始める。「いまはこんなふうに試してみなくてはいけません」と言って三つの球を一度にジャグリングする。「あるいはこう」と二つと一つを交互に投げ上げる。

ルブリン県の村長たちは首を振る。「うちでは受け入れられない」

「ここの人たちもそう言ってたんですよ」イジャクは切り返す。

村長たちは首を横に振る。「ここは貧しい。うちはまだ、ホビットをやらなきゃいけないほどひどくはない」

Ⅶ　ライオンをアフリカへ

ライオンを解放するにあたって最も重要なルール。
　本来の自分よりも愚かに振る舞え。
いちばんいいのは、大莫迦者のふりをすることだ。

セルビア――ポップアート・ラドヴァン

「ここには、皆さん、カラジッチ氏が住んでいました。あの人たちは彼の隣人です。写真は撮らないほうがいいですよ。あの人たちはジャーナリストにはうんざりしていますから。見えるでしょう――彼らが叫んでいるのが。どうか大声を出さないで！　これは単なる団体ツアーです。ポーランド人がふたり、ロシア人がふたり、日本人がひとりです。皆さんはどうか心配なさらないように。これは単なる残念な出来事にすぎません。私たちセルビア人はいつもはとても親切です。あっ、あそこの犬を連れた女性が微笑んでますよ」

　二〇〇八年八月三日。私はベオグラードでラドヴァン・カラジッチの足跡をたどるウォーキングツアーに参加中だ。カラジッチは自然療法医ドラガン・ダビッチに扮して、ここに身を隠していた。私たちは彼の住んでいた団地を、彼の通った店を、彼の行きつけのバーを訪ねる。ツアー名は「ポップアート・ラドヴァン」という。

ガイドの女性は二十歳くらい。カラジッチがサラエヴォを包囲していたとき、彼女の鼻はかろうじてテーブルの上に出たころだったろう。何が起こっても――彼女は微笑んでいる。「皆さんお気づきですか？　彼の郵便受けに何か入っています。いえ、あそこには行かないほうがいいです。知ってますよ、日本の方々はいつもたくさん写真を撮りますね。でも今回それはよい考えではありません」

私たちはごく普通の団地を見つめる。変わらぬ太陽がひどく照りつけている。植木鉢にはありきたりのゼラニウムが咲いている。家から出るたびに、彼はそれらを目にしていたのだ。

山中の隠れ家も、ピストルも、銃撃もない。子供用の肋木と、緑色に塗られたベンチが七台ある。七階建ての団地の壁には、だれかがスプレーで「ラドヴァン・カラジッチ通り」と書いていた。

七月二十二日、彼はいくつかの鞄を持ってここから出た。七十三番の路線バスの停留所まで数百メートル。ある人たちは言う。彼は休暇に出かけるところだった、と。別の人たちは言う。新政府は彼をハーグに送るためなら何だってやることを彼は知っていたのだ、と。バスに乗り込み、十数分後に捕まった。バルカン半島の死刑執行人は。

禁錮千年

ドラガン・ダビッチという名はどこから来たのか？　本物のダビッチは戦前サラエヴォにいた技術者だったという話だ。だが本当にそうなのか？　この件でとことん確実なことは何もない。ベオグラードにいる西側のジャーナリストたちによると、警察はわざとしょっちゅう我々を欺くのだという。当局は、我々が彼の身分証明書の持ち主を捜したり、お気に入りのチーズの種類を訊くために地元のスーパーマーケットを駆け回ったり、彼がどんな方法で治療していたのか訊くために診療所を訪ね歩いたりすることを期待しているのだ。彼らは、我々がダビッチ医師の人生の詳細に関する重要ではない疑問にかかずらって本筋から横道にそれるよう、ありとあらゆることをする。

　そのおかげで我々が最も重要なことを問わなくなるように。つまり、第二次世界大戦以降最大の犯罪者がベオグラード中心部を安心して歩き回っていたなどということが、どうして可能だったのかを。

「しかしそうした些細なことも重要だ」外国人ジャーナリストのひとりが指摘する。「今日のセルビアを理解するには、善人ダビッチ医師と悪人カラジッチ氏、この二人のタンデム体制を理解する必要がある」

　だから我々は身分証明書の持ち主を捜そう。最も可能性の高い説は次のとおり。本物のドラガン・ダビッチはサラエヴォに住んでいた。彼は一九九三年の春にセルビア人狙撃兵が撃った弾に当たって死んだ。人道支援物資が配給されることになっていた広場に向かって、通りを駆けていく途中だった。

　サラエヴォはそれまでに何カ月間もラドヴァン・カラジッチ——今日ではボスニアの一部であるスルプスカ共和国の大統領——の軍隊によって包囲されていた。

　市内での生活はますます困難になっていた。水、食料、包帯が不足していた。

　ドラガン・ダビッチの最初の死の経緯をボスニア・ヘルツェゴビナ国営テレビで語ったのは、彼の弟で、いまもサラエヴォ在住のムラデンである。「銃弾はヴラツェ地区から飛んできました。そこにはカラジッチ軍の陣地がありました。セルビア人である私の兄を、セルビア人兵士が殺したのです。カラジッチがのちに兄のふりをしていたことを知って、私は恐ろしくなりました。どうしてそれほど皮肉になれるのでしょう?」

ほぼ四年間にわたる包囲で、サラエヴォの犠牲者は一万二千人を超えた。そのうち千五百人は子供だった。

カラジッチはハーグの旧ユーゴスラヴィア国際戦犯法廷で禁錮千年を言い渡されている。最も重い咎は大量虐殺だ。一九九五年、彼の兵士たちはスレブレニツァという町でボシュニャク人（ムスリム人）の民間人を大勢虐殺した。

「女と子供は右へ、男は左へ行くように言われた。少年がまだ子供なのかもう成人なのかは、百五十センチの高さに張られた紐で決まった。背が高かった少年は母親から引き離された」。スレブレニツァの虐殺についてヴォイチェフ・トフマンは著書『君は石を食べたかのように』の中で書いている。「翌年の春、スレブレニツァ周辺でハーグの国際司法裁判所チームが動いていることを、女たちはラジオで知った。新たに掘り起こされた地面の下で、三千五百体の遺体が発見された」。

「数十回の死刑宣告を奇蹟的に生き延びた人たちのうち、最年少はわずか十七歳だった。目隠しをされ両手を縛られた男たちのグループと共に少年がトラックから降ろされたとき、全員が一口の水を乞うた。『喉の渇きで死にたくなかった』何年もあとになって彼は言った」。ボスニア人ジャーナリスト、エミル・スリヤギッチは著書『墓からの絵葉書』の中でこう書いた。スリヤギッチはセルビア軍によるスレブレニツァ攻撃を生き延びた数少ない人々のうちのひとりである。

ドラジェン・エルデモヴィッチは、指揮官に強制されて、スレブレニツァのムスリム人たちを銃殺した。「少年は目隠しをされておらず、ドラジェンは彼の顔を見た。囚人の顔を見ると撃つのが難しくなるから見ないと心に誓ったにもかかわらず。その少年は十五歳か、それより下かもしれなかった。囚人らが銃殺隊の前でひざまずいたとき、撃てという命令が下される一瞬前に、ドラジェンは少年の声を聞いた。『ママ』彼は囁いた。『ママ！』一分後、少年はすでに死んでいた」。ドラジェンの人生の一日を、スラヴェンカ・ドラクリッチは著書『彼らは蠅も傷つけない』の中でこう再現している。

スレブレニツァではおよそ八千人の男性と少年が殺された。最年少は十四歳だった。

ダビッチ二度目の死

ドラガン・ダビッチはセルビアの検察庁舎で二度目に死んだ。今回は鋏を数回動かすだけで、長髪のカリスマ的な自然療法医が永遠にこの世を去るのに十分だった。

しかし、カラジッチが持っていたのは別のダビッチ――ベオグラードから六十キロ離れたルマ村の小作農――の証明書だと言う人もいる。どうやらカラジッチが使っていた身分証明書は農民ダビッチの証明書のコピーだったらしいという話で、農民ダビッチはパソコンも携帯電話も持たずに生活していると西側のジャーナリストたちは強調する。「俺はこんな名声を頼んだ覚えはない」農民ダビッチは、以前はその存在さえ知らなかったＢＢＣテレビに語った。

カラジッチはどこでドラガン・ダビッチの証明書を手に入れたのか？　わからない。彼の住居ではさまざまな名前の身分証明書が数セット発見された。

その流れを感じたかった

今日、カラジッチ＝ダビッチの患者を見つけるのは難しい。見つかったとしても、彼の診療については、ある種の当惑と共に語る。一、自分たちの医者がまったくの別人だと判明したとき、彼らは何だか妙だと感じているから。二、ここ数年、代替医療はここでは迷信として嘲笑されているから。三、ドラガン・ダビッチはしばしばインポテンツや不妊症といった、人には言えない疾患を治療していたから。

イェレナ・S、三十歳。私のベオグラードの知人たちの友人。痩せ型、身ぎれいで実務的な女性だ。

「治療ですか？　知り合いに勧められたの。何かの集会に行ったら、そこでダビッチが食餌療法について話してたんですって。彼はアメリカ出身なんだけど、インドと中国に住んでいたこともあるって彼女は言ってた。一回の診察が五百ディナール〔二〇〇八年時のレートでは日本円で約八百円〕ということだったけど。ほとんどの場合、彼は何も受け取らなかった。お金なんか自分には何の価値もない、という印象を受けました。

当時わたしは腎臓に問題があって、人工透析になりそうだった。あちこちで助けを探していたんです。

彼はまずわたしの目を深くのぞきこんだ。それから脈を調べて、舌を出すように言った。最後にわたしの背中に両手を当てた。そうしておいて、しばらくすると手を放し、両手を振った。その後わたしは温かさを感じた。最後に彼はわたしにお守りみたいなものを作ってくれた。一度も身につけたことはないし、捨てようと思ってました。でもいまは絶対、記念に取っておきます。

彼のことは信用していなかった。見た目からしてペテン師だった。長髪をポニーテールにしてて。鬚はサンタクロースみたいなの。一度わたしにこんなことを言った――髪と鬚を通じて宇宙エネルギーが彼のところにやって来るんだって。わたし、おかしくて椅子から転げ落ちるかと思ったわ。

でも、わたしの腎臓は強くなった。彼のおかげかどうかはわからないけど。祈禱や断食も含めて、いろんなことを試していたから」

ドゥシャン・M、ダビッチ行きつけの店、居酒屋〈癲狂院〉の常連客。軽い斜視、ショートパンツ、熱烈な愛国者。「俺は以前カラジッチに……つまりダビッチに、訴えたことがある。このままじゃ足の手術をすることになると。曲がって癒合しちゃったんだ。バイク事故で。

おふくろだよ、俺を奴のところに行かせたのは。モンテネグロのおふくろの村にも、その手の地元の医者がいたからさ。おふくろはこう言った。彼があんたを助けてくれるか、さもなくばだれも助けてくれないかだよ、って。

俺はダビッチを知っていた。何度か俺にビールをおごってくれたよ。背中を軽くたたいて、元気かと訊かれたもんだ。

うちの団地にはベオグラード生まれの人はおそらくひとりもいないんじゃないかな。団地の建設が始まったのは一九七〇年代の末。ここに住みついたのは軍人とその家族だ。俺の親父はユーゴスラヴィア軍の将校だったから、団地を割り当ててもらえたんだ。

戦争中は多くの人がここに越してきた――ボスニアやクロアチアからのセルビア人難民さ。とても善良なセルビア人たちだ。彼らの一部は戦争で戦った。カラジッチ氏が住むには理想的な場所だったと言えるだろうね。

足？　ダビッチのところに行ったよ。ダビッチさん、と俺は言う、下手に癒合しちまった骨を治せますかね？　このままじゃまた折られちまう。どうにもなりませんか？

奴は厚ぼったい眼鏡の奥から俺を見つめた。そしてこう言った。今日はもうワインを飲んでしまった。アルコールを飲んだあとで治療はできないと。次の日に自宅の方へ来るよう言われた。

自宅はとても清潔だった。二部屋あった。片方の部屋で寝たり、大きなパソコンのそばで仕事をしたりしていた。何でこんなパソコンがあるんだろうって、すでに当時俺は思った。あとで何かの記事で読んだんだけど、彼はハーグで自分の身を守るための書類を集めていたんだ。

パソコンのそばにアメリカのバスケットボールチームのユニフォームを着た四人の少年の写真が立ててあった。アメリカに住んでいる孫たちだ、とダビッチさんは言った。

治療？　両手を俺の足に当てた。流れを感じるかと訊かれた。俺は何も感じなかった。でも彼の声は、俺にそれを感じてほしいと思っているふうだった。だから俺は『はい、感じます』と言った。

それでもやはりその後、病院でその骨をまた折られた。でもちゃんと癒合はしてたらしい。本当かどうかわからないけど。だっていまも足を引きずってるもの」

これは非政治的なツアーです

「ここで、皆さん、ダビッチ医師は買い物をしていました。トマト三十九ディナール、梨六十九ディナール。とても健康的な食事をしていたそうです。野菜と果物ばかり。それとチーズ。自分が口にするものすべてがセルビア産かどうかに大変敏感だったという話です。店員の女性が、スペイン産のトマトも置いてます、もっと立派で大きくて、値段は少し高いだけです、と言っても、彼はつねにセルビア産を選びました。

さて今度は右手をご覧ください。この居酒屋〈癲狂院〉で、彼はよく自分の肖像の下に座っていました。〈熊の血〉というワインを飲み、人々と語り合いました。彼はドラガン・ダビッチという名で、代替医療の医師なのだと、皆が確信していました。ワインですか？　どうぞ皆さん試飲してください。弊社からのサービスです。お口に合いませんか？　これは安ワインです。これを飲むのは質素な人たちです。ダビッチ氏はとても質素な生活をしていました」

〈癲狂院〉の中では混乱が続いている。テーブルが拭かれるのは、だれかが思い出したときだけ。〈鹿《イェレン》〉ビールが最も一般的だが、モンテネグロの〈ニクシチコ〉も飲める。何もかも揃っている。ジョッキも、コースターも、布巾も、瓶も。そして名誉ある場所には――肖像が何枚か。私たちはそれらについてガイドに尋ねる。

「あの右側のはムラディッチ将軍〔一九四二―。スルプスカ共和国軍参謀総長としてサラエヴォ包囲とスレブレニツァの虐殺に関与。ハーグの国際戦犯法廷から起訴され、二〇一七年に終身刑を言い渡された〕です。彼はまだ捕まっていません。どこかの山中で、ティトー元帥の旧掩蔽壕に隠れているという話です。弊社はティトーの足跡をたどるツアーも行っています。ＮＡＴＯの爆撃をたどるツアーも。カタログでお見せしますね。

あの左側？　何ですって、ご存知ないのですか？　ああそうですね、あなたは日本からいらした。知らなくても大丈夫。これは元大統領のスロボダン・ミロシェヴィッチです。ハロー、ポーランドの方、ご質問が聞きとれませんでした！　何が合法なのか、ですか？　こうした肖像を掲げることが？　なぜ違法でなくてはならないのでしょう？　だって民主主義ですから。ポーランドでも、ご自分が好きなものを掲げることができますよね。ですが、ですが、お客様はわたしを挑発しようとなさってます。でもこれは非政治的なツアーです。やり方が汚いわ。バスへ戻りましょう」

ダビッチさんが恋しい

ドラガン・ダビッチの友人たちは彼を恋しがっている。ミナ・ミニッチ、治療師、ダビッチの導師、は電話越しに私に言う。「どうか私がカラジッチを恋しがっているとは思わないでください。私が知っていたのはダビッチだけです――占星術と空中浮揚に夢中になっていた感じのいい人でした」

ダビッチはミニッチについて本を書くことになっていた。ミニッチは感謝の念から彼に新たな名――ダヴィデを授けた。聖書に登場する王の名にちなんで。なぜかというとミニッチとダビッチのイデオロギーはキリスト教と密接に結びついていたからだ。

ミニッチ「私たちは正教の無神論版です。正教会から最高の要素を引き継ぎました。神秘主義、瞑想、断食と祈禱による治療です。正教会の修道士たちは空中浮揚ができたことをご存知ですか？　キリスト教初期の数世紀には、これがかなり広く行われていた技能だったことは？　その修道士たちはどうなったのか？　何が彼らを地面に引き止めているのか？　私たちはみずからにこう問いかけました。そして私たちは機関としての正教会を、その見掛け倒し、壮麗さ、政治への関与を拒否しました。

　いま私は、カラジッチが大統領として正教会に非常に接近していたという記事を読んでいます。つまり、彼はずっと私をだましていたのです。

　カラジッチ……つまりダビッチは……週に二度、金曜と水曜に断食していました。彼は正教と、自分がインドと中国で学んだこととの類似点を探していました。いまでは私も、彼がそこに一度も行ったことがなかったと知っています。しかし彼は実に説得力のある話をしました。この人は偉大な賢者だ、と私は思ったのです。でも彼はただの上手な俳優にすぎませんでした」ミニッチは話を終えた。

　ミシュコ・コヴィヤニッチ、居酒屋〈癲狂院〉のオーナーは言う。「彼は主に聞き役でした。だれもが話したがるセルビアで、これはめずらしいことです。

　ここに住んでいるのは貧しい人々で、貧困があるところで最もよく話されるのは政治についてです。ダビッチはカラジッチの肖像の下に座って、私たちをじっと見つめていました。冬の晩はよくそうやって話をして過ごしたものです。時折だれかが深入りしすぎると、ダビッチ先生は首を振って、『そんなに簡単じゃないんだよ、私の子供たち』と言いました。しかし自分自身の見解を述べたことは一度もありませんでした。

　私たちに本当のことを言ってくれなかったのは残念です。だれも彼を引き渡したりはしなかったでしょうし、それどころか私たちは彼を守ったでしょうに。ここに来るのはまっとうなセルビア人ばかりですから」

「というと、どういった？」私は尋ねる。

「愛国者。元兵士たち。あの忌々しいEUの反対派ですよ。でも、彼が言えなかったのもわかります。あれほど用心深くしていたのに、それでもだれかが裏切ったんですから。新聞で読みましたが、彼の首に五百万ドルが支払われたんですってね。

なんで〈癲狂院〉なのか？　八年前、この居酒屋を建てていたとき、妻が電話してきましてね。ものすごくうるさかったんですよ。『外に出なくちゃ、ここは癲狂院だから』――と私が言った。店の者たちがそれを聞きとめて、そのまま店名にしたんです。

でも、ここが本物の癲狂院になったのは、我らがダビッチ氏が捕まってからですよ。ジャーナリスト、観光客、だれも彼もがやって来る。最悪なのはナショナリストです。私がセルビア人で、セルビアを愛していることは言うまでもありません。でも彼らは私の店に火をつけようとした。なぜなら私がコカ・コーラ、すなわちアメリカの飲み物を売っているから。これってまともな状態ですかね？　私は冷蔵庫ごと隠さなくちゃなりませんでした。いまや彼らは毎日ここにやって来る。

ねえ、私は夢見ているんですよ、ある日、扉が開いて、まるで何事もなかったかのようにダビッチさんが入ってくるのを。私は彼にワインを一杯おごって、こう言う。『先生、しかし大した冒険でしたね！』すると彼は腰を下ろし、うなずいて、ハーグで手違いを謝罪された様子を語るんです。カラジッチのことは個人的には知りません。指導者として尊敬しているだけです。彼はセルビアをもっぱらセルビア人だけの国にしたかった。そしてそうあるべきだと思っていた。
でも私が恋しいのはダビッチです。それと数週間前のあの平穏」

わたしは彼の愛人ではありませんでした

私がベオグラードに到着したとき、市内でいちばん捜し求められていた人はミラ・ダミャノヴという女性だった。ダビッチ先生は彼女に首ったけだった——ふたりを知る人たちは口々に言った。〈健康生活〉誌のタチアナ・ヨヴァノヴィッチ曰く、「わたしたちは一緒に会議やシンポジウムに出かけました。ダビッチは一瞬たりとも彼女から目を離しませんでした。ふたりは隣り合って座り、休憩中は抱き合ったり、お互いの手を撫でたりして過ごしていました」。

ミリツァ・セネル、ダビッチ医師の隣人曰く、「よく手をつないで一緒にいるのを見かけましたよ。礼儀正しい女性でしたけど、わたしは不思議に思っていました。あんな若い女性なのに、あんな老人のどこがいいんだろうって。でも夫はこう言いました。戦後、セルビアでは男が少なすぎるんだ。年寄りでもいないよりましだって」。

私もベオグラードのゼムン地区にある団地でミラを捜したが、徒労に終わった。結局ミラは自分から現れた。セルビアのタブロイド紙〈プレス〉のインタビューを受けたのだ。「わたしが姿を消したのは、自分が決して彼の愛人ではなかったことを、カラジッチ氏のご家族にまず説明したかったからです。この情報がカラジッチ夫人に届いていると確信したので、このインタビューを受けることにしました。

わたしは何者だったのか？　この人の精神性と深い知恵に魅せられた女です。ダビッチ氏は神秘主義ばかりでなく、芸術、哲学、歴史についても深い知識を持っていました。しかしわたしたちの間には、いわゆる親密な関係は一度もありませんでした」

現在、ベオグラードの巷ではミラに関する新たな説が出回っている。もとより彼女は諜報機関のスパイで、カラジッチを引き渡すことになっていたのだという。

クレープ・カラジッチ

「さて今度は、皆さん、クレープ店〈ピノキオ〉に行きましょう。彼は週に何度かそこで食べていました。たいてい甘いのを。いまでは彼を記念したクレープがあるんですよ。ヌテラ、ナッツ、クランベリー。ここに書いてあるのが見えますか？『ラドヴァン・カラジッチ――百五十ディナール』。これについてわたしがどう思うか、ですか？　いまやだれもが何とか稼ごうとしています。それのどこが悪いのでしょう？　あるレストランは真ん中にこんな椅子を置きました。『大統領カラジッチ、ここに座る』。別のレストランでは『カラジッチ医師おすすめ』という謳い文句で、数種類のベジタリアン料理を出すようになりました」

ガイドは私たちに〈ピノキオ〉のウィンドウ内の、カラジッチが当店で食べていたと書かれた記事を指し示す。その隣ではセルビアの有名なテニス選手がチキン・クレープを称えている。クレープ・カラジッチの売れ行きはとてもよい、と従業員が言う。ガイドにとっては、これは本物の金脈であるというさらなる証拠だ。

「わたしどもはですね、皆さん、彼が住んでいた団地の人たちに、わたしたちのツアーの最中、だれかダビッチ医師の扮装をしてはどうかと勧めたんです。付け鬚をつけて黒いセーターを着て。写真一枚につき一ユーロ取れたかもしれません。でもあの人たちはやりたがらない。まだそうしたビジネスの考え方がないのです。頭の中は相変わらず共産主義なのです」

セットの方がお安くなります

「わたしどものツアーを楽しんでいただけましたでしょうか。残念ながら個人のお客様はご利用いただけません。これは〈ベオグラード観光〉プログラムにのみ含まれています。団体の方々は、ティトーのベオグラード、ニコラ・テスラ——我が国の優れた発明家——のベオグラード、カラジッチのベオグラードの中からお選びいただけます。たとえばテスラとカラジッチのようなセットも利用できます。セットの方がお安くなりますよ。

　最後に皆さんにサプライズがあります。カラジッチ氏が逮捕直後に入った検察庁舎のそばを通ります。皆さん写真が撮れますよ。もちろん、わたしはあなたと一緒に撮ります！　日本の方々はいつもとっても親切ですね。

　こちらが検察庁です。ここでダビッチ氏は鬚を剃られ、髪を切られて、カラジッチ氏に戻りました。ここから空港に連れていかれ、さらにハーグへと向かいました。

わたしはどこに立てばいいですか？　ここ？　お見事！　そしてこう言いましょう。はい、危機《クライシス》。

パチッ！　はい、撮れました。

ツアーですか？　おおむね反応はいいですよ。皆さんカラジッチ氏にまつわる場所をご覧になりたがります。わたしどもはその要望にお応えしています。

ただある女性が、〈ポップアート・ラドヴァン〉というツアー名は気に入らない、と書いてきました。これでは人々がカラジッチ氏を感じのいい人として受け取るようになってしまうというのです。長い鬚を生やし、少々大きすぎる眼鏡をかけた好々爺として。その人はこのツアーを〈戦犯カラジッチ〉と名づけてほしがっていました。でも、どうか正直におっしゃってください——そんなツアーに行きたいと思いますか？

　でもこの女性はおそらく、旅行代理店の経営についてはあまりよくご存知ないのです。そのうえ戦争で身近な人を亡くしたという話です。そうした経験は人を大きく変えてしまいます。

　しかしまたしてもあなたはわたしの話をそらしましたね。わたしどもはただセルビアを、その文化ともてなしの心を宣伝したいだけです。こうしたタイプのツアーの需要がある——だからこそ企画しているのです」

コソボ――セルビア人に鶏を

私たちはオフロードのホンダでコソボの首都プリシュティナ方面へ向かっている。運転しているのはフロレント、アルバニア人。その隣に座っているのはドゥシャン、セルビア人。ふたりとも、アルバニアとセルビアの対立が最も激しいミトロヴィツァの出身だ。道中何が起こるかと私はひやひやしている。口論する？　殴る？　撃つ？　このうちのどれでもない。

「一台の車に隣り合って乗るなんてことがどうしてできるんだ？」ついに私は訊く。

「我々は憎み合ってる。だが燃料はおそろしく高い」フロレントが言うと、ドゥシャンと共に爆笑する。「乗せろ、でないと痛い目見るぜ……」ドゥシャンは笑いすぎて息を詰まらせる。

「僕らは幼なじみなんだ」ついにドゥシャンが説明する。「一緒にサッカーをして遊んだ仲だ。ユーゴスラヴィアが崩壊する兆しなんてまだ全然なかったころにね。僕の両親は街のアルバニア地区に住んでいた。いまでもあそこには友だちが大勢いる」

「セルビア人にアルバニア人の友だちがいるの？」私は確かめる。ふたりはうなずく。私は国中で最も奇妙な二人組に出会ったのだろうか？

メルセデスに気をつけろ

コソボでヒッチハイクはやめたほうがいいと皆に言われた。コソボ人の運転はイカレてる、彼らは向こう見ずで、外国人からは最後の一ユーロまで搾り取ろうとする――プリシュティナ到着直後、私が一緒にコーヒーを飲んだ外国人たちは断言した。

「国連が彼らをひどく甘やかした」一人目が言った。「何でもかんでも彼らに天文学的な額の金を与える。たとえ一キロでも、だれかが君をただで乗せてくれるとは思えないな」

「せいぜい詐欺師に当たるのが落ちだ。最悪の場合――金目の物を盗られて地雷原のど真ん中に降ろされるぞ」二人目がからかった。

「スモークガラスのメルセデスに気をつけろ」三人目が付け足す。「マフィアだ。君を臓器用に売るかもしれない」

私は信じなかった。これは二〇〇八年二月、コソボが独立を宣言するわずか数日前のことで、私は彼らにとって重要なこの時期にコソボの人たちの姿を見ておきたいと思っていた。彼らの国がヨーロッパでいちばん若い国になったわずか数日後に彼らを間近で観察したかった。彼らと同じコーヒーを飲み、彼らと同じパンを食べ、彼らが交わすジョークで笑い、彼らが運転する車に乗る。そんなふうにして二月のある日、私はプリシュティナから西部の都市ペヤへ向かう国道の脇に立った。

私は、独立したコソボでおそらく最初のヒッチハイカーだ。

ごみとスクラップとよいアドバイス

コソボはとても奇妙なところだ。たとえば携帯電話。三十分間は三つの異なる国のネットワークが私を迎える。最初は――モナコ。というのも、この国がかつてここで入札に勝ったからだ。コソボには独自の国番号がないため、モナコ公国の国番号が選択される。

二時間後、マケドニアとの国境に近づくと、そちらのネットワークに迎えられる。途中セルビアの飛び地を通過する。ここではセルビアのネットワークが迎えてくれる。

国中ごみだらけだ。地元の住民はごみをそのまま川に捨てる習慣がある。かつてはプリシュティナに川が流れていたという。しかしあまりに汚染されたため、当局が川をコンクリートで埋め立て、そこに団地を建設した。

これにはそれなりによい面もある。コソボ滞在中、私は花粉症のことを忘れていた。ここには樹木がまばらで、草もなんだかみすぼらしい。典型的な風景は、ごみの山、数キロメートルにわたって続くスクラップ置き場、そしてまたごみの山だ。

まさにそうした場所、洗車場、スクラップ置き場、ガソリンスタンドの間で、私はヒッチハイクをしようとする。最初はおずおずと手を振る。飛ばしていく車の列はスピードを緩めもしない。もっと大胆に手を振る。またしても駄目。私の姿を目にして速度を上げるドライバーもいる。これは戦時中からの習慣らしい。何だか怪しいぞ――逃げろ！　というわけだ。

私を奇妙な動物でも見るような目で見る人もいる。卵を半分に割った形のアルバニア帽をかぶった老人たちは親しげに微笑む。だれかが携帯電話で写真を撮る。だがだれも停まってくれない。

まあ、ここではヒッチハイクは人気がない。自家用車こそが男のプライドなのだ。「食べ物を買う金はなくてもいいが、ガソリンを買う金はつねに見つかる」数日後、ドライバーのひとりがこう言う。

軍用車両の列と二台の水陸両用車が通り過ぎる。ガソリンスタンドから若い男が近づいてきて、片言のドイツ語で――おそらくコソボの全員がこの言語を知っている――バスターミナルはここから五百メートル足らずだと説明する。「なぜ車を借りないんだ？」と訊く。「人と知り合いたいから」と私は答える。「何のために？」彼は信じられないといったふうに首を振り、仕事に戻る。

その後しばらくしてスモークガラスの黒いメルセデスが停まる。マフィアが乗っているというやつだ。心臓が口から飛び出しそうになる。

死刑執行

「世界とヨーロッパはコソボについて何も知らない」親しくなったあるコソボ人が言った。「あんたたちが知っているのは、それがどこにあるかと、何年に戦争があったかだけだ。そのうえ、あんたたちには何だって信じ込ませることができる。ここでは毎日爆弾が爆発していて、女たちはアフガニスタンにいるような服装をしているとあんたたちは思っている。ところがこの国はヨーロッパと同じく普通の国で、ただ少しばかり貧しいだけなんだ」

それから私たちはしばらくの間、コソボのドライバーについて話をした。噂に反して、彼らはかなり穏やかで安全運転だ。

「警察が道路交通法に違反した者を公開鞭打ち刑にしたんだ。最も危険な数人の違反者は銃殺刑になった」彼は無表情でそう言った。私はぞっとした。私たちはしばらく黙って座っていたが、我が友人はついに我慢できず、ぷっと噴き出した。

「ほれ見ろ、俺は言わなかったか？　あんたたちは何でも信じるって」

プリシュティナ―ペヤ「監査はないが、ビジネスはある」

黒いメルセデスの運転手の名はメグリムという。マフィアか？　彼は大口を開けて笑い、洗車場を指し示す。「あれが本物のマフィアさ」

わからない。一人目の運転手が私の腎臓を闇市場で売るつもりはないことはすでにわかっている。私はもう快く革張りの座席でくつろいでさえいた。だが相変わらずわからないのは、ゴムホースを手にした男たちと、密輸でたんまり稼いでいるマフィアとの間に何の関係があるのかということだ。

灰色のトレーニングウェアの上下を着た若いビジネスマン、メグリムは私を笑いとばす。「右手の洗車場が見えるか？　あそこのオーナーを知っている。マイバッハに乗ってる。俺は家具工場を持っている。二百人雇ってる。そいつは洗車場を持っている。雇ってるのは自分の義弟だけだ」

「よくわからないな……」

「汚い金を洗浄してるのさ！　あの男は闇商売をしてて、金は銀行に入れる。監査官がやって来て、こう尋ねる。『百万ドルをどこから手に入れましたか？』そいつは答える。『私は洗車場を持っています。一生懸命働いて、五十万台の車を洗いました』そんなの嘘っぱちだって、だれもが知ってる。だがコソボでは監査体制がうまく働いていない。そいつに手出しをする者はいないのさ」

「あなたの工場は？　そのアイデアはどこから？」

「自分が工場を持つことになるとは夢にも思わなかったな。いつかまたコソボを目にするかどうかもわからなかった。一九九九年に両親と一緒にドイツへ出たときは、どん底だった。父はプリシュティナで、ある外国の新聞の翻訳者として働いていた。父がボンでの滞在許可を手配してくれた。そこで俺は学校を卒業し、あるドイツ人のために働きはじめた。これがものすごく金持ちで抜け目のない男でね。その人と仲良くなったんだ。あるとき俺は両親を訪ねた。こう訊かれたよ。『メグリム、おまえ、何かビジネスを探してみたらどうだ？　あちらで何か稼げるんじゃないか？』

俺はあちこちに出かけて、尋ねはじめた。何かの店か居酒屋でも開こうと思ってたんだ。ところがペヤの大規模な家具工場が空き家だとわかった。それをただ同然で買えば、ともかく人は雇えそうだった。俺はドイツ人に訊く。『買おうか？』彼はそれに答えて『家具なんか作ったことないぞ！』そこで俺は言い返す。『俺だって作ったことないさ』でも従業員たちが作ってくれた。いまではギリシャ、マケドニア、セルビアに販売している。そしてもちろんドイツにも」

「儲かりますか？」

「もちろんだとも！　コソボの人たちは月二百ユーロで働く。今日ここはとんでもない可能性のある国だ。この九年で、ここにどれだけの金が注ぎ込まれたか、知ってるか？　国連だけでほぼ三百億ユーロ。さらにＥＵと慈善団体。前に計算してみたことがある。一平方キロ当たり二百万ユーロも投入された。投資家たちはそれでもここに来るのを恐れていた。いまやそれも終わりだ。独立宣言以来、大勢が俺に電話してくる。彼らは投資したがっている。ここに市場があると知ってるんだ。ジャコヴァ周辺には十数軒の工場がある。いまはまだ空き家だが、半分はすでにトルコ人が購入済みだ」

私たちはペヤの中心街で停車する。ここにはＵＦＯみたいな建物が立っている。川沿いに位置する中心街は若者ばかり。それも不思議はない——大雑把に言ってコソボ人の半数以上は三十歳未満なのだ。

ホテル・ベゴリ「アパルトヘイトはないが、ジャグジーはある」

国外で成功したコソボ人は、祖国にできるだけ多く投資しようとする。その一例が、プリシュティナで私が泊まったベゴリ一族のホテルだ。ドイツ仕込みの実用性は、ここでアルバニアの豪華趣味と混じりあう。アルバニアでは家というものはなるたけ多くの階を持つのがよいとされる。アルバニアのあるホテルでは、各部屋にジャグジーとルイ十六世様式の安物家具が置かれている。ジャグジーが出ないとか、椅子の脚が取れてしまうといった事実は、この際それほど重要ではない。

プリシュティナの伝説となっているのが街の中心部に位置するグランドホテルで、世界最悪の五つ星ホテルと言われている。十五人のウェイターががらんとしたレストランで客を待っている。しかし、だれかがやって来ても、だれひとり近づこうとはしない。

「まあ、相変わらず国営ホテルなのよ」アルディタはため息をつく。彼女とここで待ち合わせたのだ。

「それでも以前よりはまし。かつてここには本物のアパルトヘイトがあった――従業員はセルビア人だけだった」

「その代わり、いまじゃそこにはひとりのセルビア人もいない」と私は付け足す。アルディタは肩をすくめるだけだ。

プリズレン―シュトルプツェ「電気はないが、雪はある」

「わたしはセルビア人です。でもコソボの独立よりもずっと大きな問題を抱えている。どんな問題かって？　雨漏りするのよ。修理するお金もない。それに電気も……」

「電気？」

タチアナはセルビアの飛び地シュトルプツェにある靴店のオーナーだ。プリズレンへ向かう道で私を拾ってくれた。よそ者の男と話す勇気のあるアルバニア人女性なんていない、と誇らしげに言う。それはちょっと大げさだろう。

私たちは彼女のオペルでシャル山脈を走っている。ＫＦＯＲ〔ＮＡＴＯが指揮するコソボ治安維持部隊〕の見張り所を通り過ぎる。セルビア人の安全を監視しているのはウクライナ人とポーランド人の合同部隊だ。小さな正教会が右手に見えたら、飛び地に入ったしるしだ。

「電気？」タチアナは深呼吸する。「見て、人々が蠟燭のそばに座ってる。あの人たちがそんなにロマンティックだと思います？　停電はときに三時間、ときに五時間、ときには一日中続く。いつ起こるかは決してわかりません。洗濯も、入浴も、洗い物もできない。そのうえひどく退屈。冬場は早くから暗くなる。電気を切られて暗闇の中で莫迦みたいに座ってるのよ。眠りたい気分でもないし。やるべき仕事もない」

「何をしてますか？」

「夫とおしゃべりしてるわね。ときにだれかが来ることもあるけど。でもたいてい無気力、無関心よ。コソボにこれほどたくさん子供がいるのは停電のせいだって言う人もいるけど。その代わり突然電気がつくと、人は外に出てくる。何時だろうと関係ない。夜中に電気がつくと、いつも目が覚める。何かの本能がわたしを目覚めさせるのね。シャワーを浴びて、洗濯機を回して、テレビを見る。うちの町の人たちは、アルバニア人がセルビア人の電気だけ切っているに違いないと思ってる。わたしは彼らにこう言うの。わたしはプリズレンにいたけど。あそこも停電してるわよ、って。でも彼らはどこにも行かず、シュトルプツェにこもりきりで莫迦なことを話してる」

「なぜ行かないんですか？」

「怖がってるのよ。週に二回、ＫＦＯＲがバスを護送しています。セルビアとの国境行きのと、グラチャニツァ行きのと。そこには正教会と卸問屋がいくつかある。アルバニア人がこのバスに石を投げたり、ときには爆竹を投げることがあるんです。わたしの車はコソボのナンバープレートなので怖くはないけど。これには千五百ユーロの費用がかかった。でももし事故に遭ったら、どうなるかわからないわね。アルバニア語はひとことも知らないから」

「アルバニア人が怖いですか？」

「気でも違ったの？　怖いのは過激派だけよ。私の祖父の親友はアルバニア人です。一緒に山で働いてました。ある日ふたりは手のひらをナイフで傷つけて、それを互いに合わせて血の兄弟の契りを結んだそうよ。どうしてそんなこと思いついたのか知らないけど、だってわたしたちにはそんな伝統はないから。たぶん西部劇か何かで見たんでしょう。でもそれ以来、家族同然の付き合いです。祖父の親友メメドは、わたしの結婚式を取りしきってくれた。セルビア軍がコソボで暴れていたとき、わたしたちは彼のふたりの息子を匿いました。その後、アルバニアの女パルチザンが復讐してきたとき、わたしたちはメメドのところに身を寄せました。祖父はもう亡くなりましたけど、メメドは元気です。ここから数キロ離れた町で店をやってるの。靴を買い付けに行くときは、いつも立ち寄るわ。彼のことは家族のように愛してます。とはいえ、彼にはちょっとした問題があるけれど」

「どんな？」

「うちの子たちをものすごく甘やかすんです。一日メメドのところで過ごすと――もうお行儀のいい子には戻せないわ」

「メメドはコソボのセルビア人についてどう思ってますか？」

「犯罪者と一般の人たちの区別はついています。戦争は民族同士でするものじゃない。双方の犯罪者同士で行われるものだと。メメドはそれを理解しています。独立宣言の後、わたしが不満げだったのを見てとり、彼はこう言いました。『タチアナ、我々はチェス盤の上のポーンにすぎない。対戦しているのはアメリカ人とロシア人だ。君が黒のポーンで、私が白のポーンなのは、たまたまなんだよ』って」

「ご近所のセルビア人たちは？　あなたたちの友好関係をどう見ていますか？」

「おまえは悪魔に取り憑かれてるって言われてますよ。彼らは毎日十二時四十四分になるとコソボ独立に抗議しています。これは国連決議を記念してのことです。国連安保理決議は一二四四という番号がついていて、独立を否定していました。彼らは街を歩くとき、わたしを憎らしげに見ます。わたしがアルバニア人から靴を買っているから。アルバニア人の商品はボイコットすべきなのだそうよ。でも何人かのおばちゃんたちはセルビア製の靴がぼろぼろになったら、わたしのところへやって来た。時が経つにつれて慣れるでしょう。この近くにブレゾヴィツァという、コソボで唯一のスキーリゾートがあるんだけど。そこの住民もセルビア人ばかり。独立宣言の後、彼らは路上で叫んで国旗を焼いた。アルバニア人は怖くなってそこへ行かなくなった。スキー場のコンディションは申し分ないけど、ゲレンデは空っぽ。

　今日ブレゾヴィツァはおとなしくして、アルバニア人の気持ちが収まることを期待している。わたしが期待しているのは、アルバニア政府が約束を果たして、最終的に電気がちゃんと来ること。もしそうなったら、首相がセルビア人だろうと、アルバニア人だろうと、パプア人だろうと、わたしにはどうでもいい」

ペヤ―ジャコヴァ「支払いはないが、発電機はある」

コソボには発電所がひとつしかない。プリシュティナのすぐ向こうに位置し、あらゆる環境基準を破っている。すでに五億ユーロがこの発電所の近代化に注ぎ込まれたというが、効果なし。

ある非政府組織の職員ステファンは、私を乗せてジャコヴァ方面へ向かう。「発電所の見通しは暗いですよ。ここには電気代を払う習慣がありませんから。ユーゴスラヴィア時代には払っていなかったので、いまそれを彼らに数えるのはとても難しい。僕が借りているアパートの家主は弁護士です。僕が電気代の請求書を見せたら、ただ笑って、「わかった《ミール》、わかった《ミール》」と言うんですよ。

同時にだれもが小型発電機を買っています。どんな小さな店にも、美容院や喫茶店にもそういうのがある。停電になると、町中でトゥルルルと長く続く音が聞こえます。これには電気代よりもはるかに多くの費用がかかる。でも、あなたはだれも納得させられないでしょう。

発電所は、未払いの人の分だけ電気を止めることができない——集合住宅全体の電気を落とすしかない。ところが団地全体が未払いだとわかって、発電所の職員がやって来ましてね。大目玉を喰らいましたよ。

発電所がなんとか成り立っているのは、マケドニアに電力を売っているおかげです。数時間コソボ全体を停電にして、それを全部国外へ送っているんです」

プリズレン—ドラガシュ「パセリがない」

コソボ人は己の兄弟アルバニア人について、いささか軽蔑的に語る。穴だらけの靴を履いたエリートだと。

アルバニア人はコソボ人について、ちゃっかり屋の成金だと言う。

コソボ人は自分たちをわりと裕福だと考えている。アルバニア人は自分たちをわりと聡明だと考えている。

コソボはアルバニアと統合するかどうかと訊かれると、どちらも明確な回答を避ける。

「私たちはあまりに長い間、別々に暮らしてきました。ひとつになるには、あまりに違いすぎますよ」

プリズレン近郊のミニバス運転手は言う。

だが彼の車にはアルバニアの黒い鷲の小さな国旗が掲げられている。青地に六つの小さな星がついたコソボ国旗は、自分のものとは思えないのだ。

私と一緒にゴラ地域を旅しているデンマーク人のラースは、この問題について持論がある。「統合は難しいだろうね。彼らは全然違う。最近アルバニアに行ったんだ。あそこじゃほんの少しでも湖があれば――すぐに百人が魚を商う。山から小川が流れてくれば――百人の少年が道端に立って、君の車を洗おうとする。コソボではだれもが座ったっきり、向こうから助けがやって来るのを待っている。するとやって来るのさ。ここの人たちは自分からは何もする必要がない。コソボ人は人道支援組織とドイツにいる親戚からの仕送りで暮らしている。ここのセルビア人を支えているのはベオグラードの政府だ。政府は彼らをここに引き止めるためだけに金を払っている。シュトルプツェには行ってみたかい？　あそこには数千人のセルビア人が住んでいる。あんな小さな町の病院ではせいぜい三十人も雇えばいいところだが、なんと三百人以上も雇っている。そのうち半数は出勤すらしない。それでいて給与はベオグラードの病院職員の三倍だ。しかしそれでもいちばん悪いのは国連さ」

「どうして？」

「すべてに対して払いすぎなんだ。国連に勤めている親戚は優に十人家族を養える。もしそうなら、何のために地面を耕す？　だから見ろよ、どこも休閑地ばかり。だれもやる気がない」

「大げさだな。ここは失業率七〇パーセントだ。大部分の人は一日一ユーロで暮らしてる」

「それは単なる統計だよ。ところが人々はパセリ一本だって自分で植えようとはしない」

ジャコヴァ―バリャク「平穏があり、鶏が来る」

オフロードのホンダがジャコヴァ近郊で私を乗せてくれる。そこで私はフロレントとドゥシャン、ミトロヴィツァから来た二人組と知り合う。

「セルビア人とアルバニア人の友情ってどんなふうなの？」私は問いただす。信じがたいからだ。「君たちは殴り合いしかできないんだと思ってた」

「それは違う。子供のころはよくあちこちの中庭で取っ組み合いをしたけど、アルバニア人対セルビア人というわけじゃなかった。親がどこかへ出かけると、友だちのセルビア人のうちに泊まった。僕は両方の言語をよく知ってるんだ」フロレントが言う。

「でもおまえのアルバニア語は田舎訛りがあるな」ドゥシャンが言うと、ふたりの冗談好きはまたもや爆笑する。

「一九八〇年代に、ミロシェヴィッチがコソボの自治権を取り上げてからだよ、きな臭くなりはじめたのは。その後はもう悪くなる一方だった。ドゥシャンの両親はセルビア側のアルバニア人が住む集合住宅に移った。だれもが自分たちのゲットーに閉じこもった」

「一九九六年から二〇〇〇年まで僕らは顔を合わせなかった。ふたりとも非政府組織で働いていた。再会したのはベオグラードの何かの会合でだ。フロレントが、一緒に働きたくないかと尋ねてくれた。そんなわけで一緒に〈パートナーズ・コソヴァ〉という組織のために働いている。僕はここでは唯一のセルビア人だ」

「僕たちは一緒に出勤している。ともかくそれ以外に方法がない。ドゥシャンの車はセルビア・ナンバーだから」

「というと?」

「ナンバープレートにＫＭという文字が入ってる。これはコソヴスカ・ミトロヴィツァ〔ミトロヴィツァのセルビア語の呼称〕という意味。このプレートはベオグラードが発行したものなんだ」

「僕が住んでいるところでは、皆がこういうナンバープレートなんだ」

「でもプリシュティナでこんなナンバープレートをつけていると、ウィンドウを割られたり、殴られたりする可能性がある。僕のナンバープレートはＫＳ——つまりコソボだ。これで僕たちは出勤する。でも僕がドゥシャンの家を訪ねるときは、自分のＫＳナンバーの車を町のアルバニア側の橋のたもとに置いて、ドゥシャンの車に乗り換える」

「町のセルビア側じゃＫＳナンバーのせいで一発殴られるかもしれないからな」

ＫＳナンバーのホンダは幹線道路を折れ、バリャク村で停まる。建設途中の赤煉瓦造りの建物が十数軒。村はずれには小さなモスクと、それよりさらに小さな正教会。当地の村長はセルビア人のために鶏を求めた。なぜか？　本人の口から語ってもらおう。私たちは村長を家から連れ出し、国連が村に建てた事務所へ赴く。

「村長として独立が回復されたことを大変喜んでおります。私どもの村は共存のために、あらゆることをしておりまして……」村長はこう切り出す。

「オスマン、時間がない。御託はたくさんだ」フロレントが笑って言う。

「確かに、政治家みたいな話し方ですね」村長が笑う。

「なぜセルビア人にあの鶏を？」私は問いただす。

「二〇〇四年まで私どもの村にはセルビア人はひとりもいませんでした。全員、軍と一緒に逃げたのです。我々に報復されることを恐れて。しかしそれからしばらく経ちました。だれもがセルビアで生活できるようになったわけではありません。ベオグラードは現在、我々の独立に反対していますが、コソボ出身のセルビア人はあちらではよく思われていません。それで戻ってきているんです。この四年間で十二家族が戻ってきました。五十人ほどです。国連が私どもにお金をくれます。私どもは彼らのために家を建てています。住まいの設備を整える手伝いをしています。でもそれだけでは足りない。なぜなら彼らには仕事がないから。それで、私どもは彼らに鶏を与えることを思いつきました。ミニ農場を作って、卵や肉を売る。そうすれば生活が成り立つでしょう。ひとりに小屋をひとつ買ってやりました。そこで八百屋を開きます。明日私どもは最初の鶏百羽を買いに行きます。このおかげでもう少し多くのセルビア人を引きつけられるといいんですが」

「何のために彼らを引きつけるんです？」

「ベオグラードの政府が、ここでセルビア人が不当に扱われている、と言わないようにするためです。それに、そのための金はある。利用しない手はないでしょう?」

「アルバニア人は反対しませんか?」

「私には隣人がひとりいましてね。大いなるアルバニアの愛国者です。この男にセルビア人について尋ねようものなら、全員撃ち殺すでしょうね。しかしセルビア人が戻りはじめたとき、この男はかつて自分にゴランというセルビア人の親友がいたことを思い出した。それでいまじゃ私を追いかけ回して、そのゴランを連れ戻してくれないかと訊くんです。死ぬ前にもう一度会いたいからって」

Ⅷ　去勢

人生の大部分を囚われの身で過ごしてきた者に、野生でうまくやっていくチャンスはないのです。だからこそ我々は、うちの熊全頭を去勢しなければならないと決めました。

グルジア――スターリンの巫女たち

「わたしのところへ毎晩来るの。こちらを見て、パイプをふかし、口髭をひねる。微笑んで――それからすぐに戸口へ行く。するとわたしは、ここにいて、と泣き叫ぶ。でも女が泣いたからって気にするような男がいるもんですか。グルジアの男ってのはね、ウォツカを飲み、入ってきて、すばやく済ませて、眠り込む。わたし酒飲みは大嫌い。でもね、ここゴリには、そういうのしかいない。そうじゃない男がいるのはアメリカ映画の中だけ。

　スターリンは別よ。教養があふれてた。彼はわかってたわ、女の面倒を見る方法も、お世辞の言い方も、いい香りをさせる方法も。生活は質素だったけれど、服装は上品だった。それにお酒はあまり飲まなかったわ。飲むとなれば、外国産の上等なお酒だけ。ファシズムとヒトラーに勝利したことは――言うまでもないわね。だからわたし、もう何年も前に自分に向かってこう言ったの。『ターニャ、いったい何だってあんたは酔っ払いどもと口論するの？　まったくもう、あんたはスターリンと一緒に暮らすことだってできるのに？』って」

アナ・スレセリ「彼は家族同然です」

「わたしたちが立っているのは、ヨシフ・ヴィッサリオノヴィチ・スターリンがこの世に生を受けた家の前です。彼の両親は貧しい生活をしていました。母親は地元の司祭たちの洗濯物を洗っていました。父親は靴屋でした。ご覧のように、彼の家は古典主義様式の構造で補強され、近隣の建物は取り壊されました。ええ、地区全体がです。いいえ、これには何の不思議もありません。たとえば、ここで雌鶏が糞をしたり、子供たちがサッカーをしていたりしたら、あなたはもっとご満足ですか？

　その取り壊された建物のひとつに、わたしの祖母が住んでいました。祖母は団地に住まいをもらいました。死ぬまでずっとこう繰り返していました。『孫や、何と幸せなことだろうね、わたしがスターリンの家の隣で生まれたのは。そして、いつもその家を窓から眺められるのは』

　祖母はスターリンの母親のことも憶えていました。彼がここに住んでいたのは十数年間でした。母親は——亡くなるまでほぼずっとです。わたしたちにとって、それが誇りに思う大きな理由です。最大の。なぜならわたしたちの町では、ほかに何も起こらないから。もしも博物館がなければ、町はとっくの昔に死んでいたでしょう。

　数年前に戦争がありました。この近くにオセチアとの国境があります。ロシアの戦車百両がゴリに入ってきました。わたしたちはトビリシに逃げました。わたしは団地や住まいが壊されるのは怖くなかったけれど、博物館が壊されるのを恐れていました。でも彼らは指一本触れませんでした。相変わらずスターリンを恐れているのです。彼らは芝生の植え込みにさえ触れず、スターリンの記念碑の前で写真を撮っただけでした。こうしてスターリンは墓の陰から、わたしたちを救ったのです。

　わたしが学校に通っていたころ、お店で働くことを夢見ていた女の子もいれば、宇宙へ飛び立ちたいという女の子もいたけれど、わたしは人々に我らが偉大な同国人について語りたかった。自分の人生すべてを、それが実現するように導いてきました。大学では歴史を専攻しました。卒業後、博物館に駆けつけて仕事はないかと訊きました。

　しかしそのときすでにソヴィエト連邦は崩壊していました。博物館は閉鎖され、かろうじて生き延びている有り様だったのです。ようやく最近になって雇用を再開しました。わたしは新規募集で最初に採用されました。その間わたしは中学校で歴史を教えはじめていたので――博物館は非常勤です。

　わたしが大学生のころはまだ、スターリンは優れた政治家だったと教わりました。でも体制が変わって、カリキュラムも変わり、いまでは彼は暴君で犯罪者だったと教えることになっています。わたしはそうは思いません。強制移住？　それは人々が平和に暮らすために必要だったのです。殺人？　それは彼の責任ではなく、ベリヤの責任です。ウクライナの飢饉？　それは自然災害でした。カティンの森の虐殺？　あなたが質問することはわかっていました。ポーランド人は皆それについて訊きます。いいですか、カティンとは戦争だったのです。戦争中そうした行動は普通のことです。そして、あなたが怒鳴りだす前に、どうか最後まで言わせてください。もう落ち着きましたか？　ではいまからあなたに、わたしの個人的な見解をお話しします。

わたしはスターリンを偉大な人物と見なしていますが、生徒にも、観光客にも、そう言うことはできません。だからこう言っています。『彼を独裁者だと考える人もいれば、暴君と考える人もいるし、天才と考える人もいます。本当はどうなのか――皆さんご自身で答えてみてください』と」


タティアナ・マルジャニシヴィリ「神よ、わたしをスターリンのもとへ連れてって」


「我らが愛するスターリンに彼らがしでかしたことを見ると、心臓が止まるわ！　どうしてあんなことができるの？　どうしてあんなにいい人を、怪物に、人喰い人種に、モンスターに仕立てることができるわけ？

かつてわたしたちの博物館には次から次へとバスがやって来た。人々は何百メートルも列をなしていた。そうした人たちの顔を見ると、善がわき出ているのがわかったわ。それがいまじゃどう？　お互いに嚙みつかんばかり。これが資本主義ってものよ。

いまはもうあそこには行かないわ。ひとつには悲しいから。青春、仕事、友だち。ふたつめは、足が悪いから。ひとりじゃ階段を下りられない。三月で八十二歳になるけど、人が生涯ずっと健康でいるのは難しいわね。朝起きて、パンを切り、紅茶を淹れ、腰を下ろすと、こう言うの。『イエス・キリストよ、なぜあなたは、わたしをこんな時代まで生きながらえさせたのですか？　なぜ人々は我らが愛する鳩、スターリンをこきおろすのですか？』

でもそのあとでこう思う。『思い出すのよ、ターニャ、スターリンが人々のためにどれだけ苦しんだか。あんたのために彼は十分な食事もとらず、十分な睡眠もとらなかった。あんたが学校を卒業できるように、彼はファシズムと戦ったのよ』そしてスターリンの顔がついたメダルを手に取る。退職するときにもらったものよ。それを、愛する鳩を、彼の口髭を撫でていると、何だか気分が軽くなるの。

博物館で働いていたのは一九七五年から。監視員《ナブリュダーチェリ》――つまり、展示の秩序と安全の責任者として。もしだれかが展示物に触ろうとしたら――わたしたちは駆けつけて大声を上げなくてはならなかった。

簡単ではなかったわ。年寄りの女たちが村々からやって来ては、わたしたちのスターリンに飛びついた。展示してあるどの写真にも正教会のイコンのようにいちいち接吻せずにはいられなかった。そういう写真が千枚以上もあるのよ！　観光バス一台分の年寄り女たちが集まって、全員が接吻したがったら、わたしはどうすればよかったの？　館長が見ているとき――わたしは歩き回って大声を上げた。でも見ていないときは、こう言っていました。『接吻なさい、女たちよ、あなたがたが健やかでありますように！　ただし顔面には触らないでください！　いかなる理由でも絶対に』と。この顔は博物館全体で最も神聖なものです。デスマスクなのですから。

それ以前、わたしはトビリシの国立博物館で働いていましたが、二度目の夫がゴリ出身だったので転勤の手配をすることができました。簡単ではなかったわ。スターリン博物館は、通りがかりに入っていって『仕事はありませんか？』と訊けるような場所じゃなかった。周囲の意見が重要だったの。わたしは離婚していた。最初の夫は飲んで暴力を振るいました――彼のことは話さない方がいい。当時わたしは離婚が問題になるのではと心配でした。幸いトビリシの博物館からは非常によい推薦をもらいました。

世界中から最も洗練された人々がやって来てスターリンの家に感嘆しました。ロシア全土から、アジアから、アメリカから。ジャーナリスト、各国の大使、芸術家たちが。わたしは展示物の間に、名札を付けて、このうえなく誇らしげに立っていました。あの仕事はわたしにとってすべてだった。博物館はわたしにとって家のようなものでした。

　夫はこのことを理解してくれなかった。夫と話すような話題がありませんでした。わたしは展示を見張っているだけでしたけど、本を読んだり、新しい人たちと出会ったりしていました。彼もまた飲ん兵衛でした。わたしを殴ろうとしたけれど、今度はわたしも負けませんでした。後年、夫は病気になり、年金生活に入りました。一日中、自分の家か母親のところにこもりきりでした。わたしへの当てつけに、スターリンについてひどいことを言っていました。

　ソ連邦が崩壊したとき、夫はわたしに舌を出してみせました。大いに満足だったんです。その後、亡くなりました。

　夫が今日まで生き延びてくれなかったのは残念だわ。いまならわたしが舌を出してやったのに。なぜわたしたちに、この資本主義というものが、このアメリカのチーズ、ジュース、チョコレートが必要なの？　牛乳だってもう普通のは買えなくて、紙パックのじゃなきゃいけない、だってアメリカではそうだから。わたしはこう思うの。『イエス・キリストよ、わたしを我がスターリンのもとへ連れていって。この世からわたしを連れ出して。だってこれ以上ここでは我慢できないから』」

ナナ・マガヴァリアニ「彼を見ると、電流が走るの」

「わたしの肩書きはかつては『人事部長』と呼ばれていました。現在は『マネージャー』と呼ばれています。

博物館には計六十三名の職員がいて、わたしはその採用と雇用を担当しています。ガイド十名、展示監視員の女性十一名、レジ担当の女性二名です。昨年からピオネールもひとりいます――制服を着て赤いスカーフを巻いた女の子が、絵葉書を売ったり、写真撮影のためにポーズを取ったりするんです。これはわたしのアイデアで、館長から個人的にお褒めの言葉をいただきました。観光客というものはですね、何かと一緒に写真を撮らなくちゃいけないんです。でないと、わたしたちの博物館を褒めてもらえませんし、そのせいでまずいＰＲになってしまいます。わかってます。だってわたしたちは資本主義における観光に関する特別研修を受けましたから。

以前は主にソヴィエト連邦から来ていました。わたしたちはロシア語は十分だったのですが、英語とフランス語ができる女性がふたりいました。いまではロシア人がひとり来ればお祭り騒ぎです。職員の半分がどうなるかと見に行きます。そして、わたしたちはロシア人を最も上手に案内します。政治は政治として、グルジア人が友好的であることを知ってほしい。

今日、大部分の観光客はアメリカとポーランドからです。ここが問題なのです。すべての女性職員に、そうした観光客に対応できるだけの英語力があるわけではないからです――わたしどもの博物館では観光客ひとりひとりにガイドがつくことになっています。どうすればいいのでしょう？　年金生活を目前にした女性たちを解雇することはできませんし、かといって彼女たちに英語を教えることもできません。彼女たちもわかっているんです。新しい時代に自分たちは必要とされていない、博物館にとってある種のお荷物なのだと。でもお互いその話はしません。壮年になって職を失うのがどういうことか、わたしは知っています。

かつてわたしは衣料品工場に勤めていました。やはり人事部でした。ソヴィエト連邦が崩壊したとき、工場もつぶれました。そして何もかも盗まれました。窓ガラスさえも。スターリン時代にはあり得なかったことです。罪人は罰せられていたでしょう。だから今日、彼について語られていることを耳にすると、わたしはこう言うんです。『皆さん、頭がどうかしたんじゃないですか。ソヴィエト連邦を思い出してください。だれもが仕事を持っていました。子供たちはただで学校に行けたのです。トビリシからウラジオストクまで』たとえばわたしは、共産主義がなかったら、いまも田舎に住んでいたでしょう。管理職に就くなんて思いもしなかった。だってそれ以前はこういった仕事はすべて男だけでしたから。女にこれほど多くを与えてくれた体制はほかにありません。

体制崩壊後は何もかも悪化しています。かつて医者は貧しい人々の治療を断ることはできませんでした。今日、医療サービスは民間なので、たとえ足を骨折しても、医療費を支払わなくてはなりません。大学も同じです。かつて年金受給者は電話が無料、電気料金は割引になりました。でもいまは？　年金は二十ドル、物価は西側並みです。

女性の立場もますます悪化しています。なぜならソ連邦では男性はいい生活を送れたからです。戦争はなかったし。わたしたち女は、だれか男に殴られたら党委員会に行って訴えればよかった。党から職場の党支部に伝われば、そうした乱暴者はずいぶん面倒なことになったはずです。今日、男たちは仕事がなく、欲求不満です。だれか男に殴られても、わたしたちを守ってくれる人はいません。

しかし、わたしどもの博物館では職員の大部分が女性です。技術サポートもです。これは、この種の他の施設ではお目にかかったことがありません。ここでは、息子、夫、父としてのスターリンに最も多くのスペースを割いています。兵士や戦略家としての展示は少なめです。これには女性の方がはるかに適しています。

また、この人物の魔法も効いていると思います。女性たちはいつも彼に夢中でした。外交官の妻たちは、彼は非常に魅力的だった、と日記に書いています。

その魅力のうち何かが今日まで残っています。ときどき彼のデスマスクの前で立ち止まり、それを見つめると、体にビビッと電流が走るので、新鮮な空気を吸いにちょっと外に出なくてはなりません」

ラリサ・ガザシヴィリ「彼の詩が大好きです」

「わたしの両親はスターリン主義時代のロミオとジュリエットです。

父方の祖父はグルジアの公爵でした。白馬に乗り、広大な土地を持ち、館には――南京錠が掛かった櫃があって、中には黄金が入っていました。共産主義になると、人々は祖父を富農《クラーク》と呼び、土地と黄金を取り上げ、櫃だけが残されました。いまもそれはあります。

母方の祖父は農家の出でした。スターリンのおかげで祖父は学校に行きました。スターリンのおかげで集団農場《コルホーズ》の組合員になり、のちには——やはりスターリンのおかげで——農場長になりました。

父方の祖父の生活が悪くなればなるほど、母方の祖父の生活は良くなっていきました。わたしの両親が恋に落ちたとき、どちらの父親もふたりの結婚については聞く耳を持ちませんでした。

農場長の祖父は家に南京錠を掛けて母を閉じ込めました。その後、母をモスクワの大学に遣りました。花婿候補は自分の知り合いの息子たちの中から探していました。

公爵だった祖父は父のために旧貴族の娘を探していました。のちに息子を怒鳴りつけました。もっとあとになると——ひざまずいて頼みました。

でもご承知のように、若い人たちがこうと決めたら、これほど手強いものはありません。父と母は結婚しましたが、どちらの祖父母も式に出ませんでした。どちらも互いに訪問せず、知らんぷりしていました。死ぬまでそんなふうでした。

そんなわけでわたしがスターリン博物館に就職したとき、農場長の祖父はわたしに四方八方からキスを浴びせました。でも公爵だった祖父は死ぬほど腹を立てました。

博物館ではわたしはプロパガンダの責任者でした。これは大変重要な職務でした。わたしたちは新聞を発行し、スターリンの詩や文献を載せました。スターリンは美しい詩を書きました。ロマンティックで、心をつかむものです。もしも政治家になっていなかったら、ひょっとして、ノーベル文学賞を受賞したかもしれませんよ。

新聞は〈会報〉と呼ばれていました。というか、以前は〈ヨシフ・ヴィッサリオノヴィチ・スターリン博物館会報〉という名前だったのです。しかしソヴィエト連邦が崩壊すると、ただの〈会報〉になりました。だれの機嫌も損ねないように。

ソ連邦の崩壊と共にグルジアはひどく混乱しました。うちの博物館を閉じたかと思えば、また開けたり。展示を変えては、元に戻したり。結局ちょっとした修正を施すことで折り合いをつけました。展示全体を入れ替えるお金はありませんでしたし。博物館を完全に閉める勇気も、だれにもなかった。あまりに多くのグルジア人が、いまもなおスターリンを愛しているのです。

あいにく、いまは〈会報〉を出すお金がありません。わたしはガイドをしています。

カリーニングラードで大学を卒業しました。あそこはよかったですよ。学校で働いていましたが、母が重い病気になったので、ゴリに戻らなければなりませんでした。

知り合いから聞きました。スターリン博物館の女性が産休に入ったと。それでわたしは党委員会に行って尋ねました。すると、まず試験に合格しなければならないと言われました。

試験は大変でした。共産党の歴史、スターリンの伝記、ソ連邦の歴史を暗記しなくてはならなかった。でもわたしは歴史専攻でしたから。全部頭に入っていました。抜群の成績で合格しましたよ。

共産主義についてはずいぶん悪く言われていますが、わたしは正教会に通っているので日曜は休む必要があることを、かつては館長も理解してくれていました。でもいまは日曜出勤にされてしまいました。あてつけに、わざとそうしたのだと思います」

タティアナ・グルゲニゼ「わたしと一緒なら、きっとよかったはず」

「わたしは悪い体制のもとで生まれました。なぜならわたしのメンタリティーは職場指導者のそれだからです。社会のために何かしなければならないとき、わたしは行ってそれをします。職員用の壁新聞を作りました。シングルマザー向けの授業も。戦争中は物資の配給を手伝いました。共産主義時代なら、だれもがわたしを尊敬したでしょう。しかし資本主義のいまは、愚か者を見るような目つきで見られます。

だからもう本当に我慢できないときは、博物館に行って心を落ち着かせます。そしてこう言うんです。『スターリンさん、あなたなら正しく評価してくれますよね』って。それは実際に効き目があります。そしてスターリンが夢に出てくると――あなたに話したように、こちらを見て、口髭をひねって、出ていきます――これが最もよく起こるのは博物館で心を落ち着かせた数日後です。

男性に対するわたしの態度も時代に合っていませんでした。ねえあなた、ソ連にはセックスがなかったんですよ。あったのは性的な夫婦生活だけ。若者がいまテレビで見ているようなものはなかった。あいうミュージック・ビデオや、裸の、失礼、ケツは。キスシーンだったら、だれかがだれかの肩を軽く撫でれば、それで足りたのです。女性はよき労働者で、服装も振る舞いも質素でなければなりませんでした。だから現代の女の子たちを目にすると、やはり博物館へ行きます。そしてこう言うんです。『スターリンさん、あなたもああいうのは気に入らないでしょうね』って。またもや効き目があります。酔っ払いは嫌いです。麻薬中毒者も。わたしたちの大統領にはいらいらさせられる。どうしてわざわざロシアを怒らせるのかしら？　なにしろそうしたければ、熊とだって話をつけに行くんだから。でもサアカシュヴィリ〔一九六七―。グルジアの元大統領。在任二〇〇四―一三〕はこう主張しました。国境のすぐ向こうにロシアがあるのに――ここを第二のアメリカにするのだと。彼のせいで戦争が起きたし、おそらくまた起きるでしょう。戦争中は博物館が閉まっていたから、わたしは公園の記念碑のところへ行って、こう言ったわ。『スターリンさん、あなたがこのすべてをびしっと取り締まってくれていたら平和だったでしょうに』って。

　わたしはときどき行って、彼にこう言います。『あなたが生きていたら、わたしたち一緒にいたかもしれないわね。あなたはわたしと一緒なら、きっとよかったでしょうね。わたしは料理ができるし、陽気だし、歌もうまいのよ』って。そしてスターリンの妻になったら、どんなにすてきかしらと夢見るの。でもそんな考えはあとで却下する。だって自分の振る舞いが莫迦みたいだから。スターリンは死んだ。共産主義は崩壊した。もう過ぎたことよ、さようなら。

　もしそういう気分のときに彼が夢に出てくると、わたしは彼に対してひどく冷淡でよそよそしくなってしまいます」

ナティア・ジョルドボリ「息子よ、スターリンのようになりなさい」

「わたしの母は言いました。『娘や、その仕事に行くのはよしなさい。もちろん、スターリンは偉大な人でしたよ。でも履歴書にそういうのがあると、今どき見てくれが悪い。いつかあなたが別の仕事をしたくなったとき――その仕事に就けなくなる。それに、あそこで働くのは人様の手前恥ずかしい』と。

でもわたしには幼い息子がいて、お金が必要でした。ゴリで、何らかの野心がある人に選択肢はありません。学校で教えるか、役所に行くか。あるいはスターリンランド——わたしたちの博物館をこう呼ぶ人がいるんです——に行くしか。とりわけ若い人たちは嘲笑うのが好きです。ここで働く女性たちを〈スターリン女《スターリノフカ》〉と呼んでいます。あるいは〈巫女《ヴェスタルキ》〉〔古代ローマのウェスタ神殿で神聖な火を守った巫女〕と——なぜなら共産主義の火が消えないように見守っているみたいだから。わたしはそれとは距離を置いています。ゴリの大多数の人にとってはソ連が崩壊したときに世界が終わったようだけれど。ある年輩の女性の同僚はスターリン時代に祖父をふたりとも殺されました。それでも彼女はスターリンをかばい、愛しつづけるでしょう。わたしは共産主義をほとんど憶えていません。わたしが生まれたときに崩壊したので。テレビでビリニュスの戦車を見たのを憶えています。わたしたちが独立を回復したとき、父さんと一緒にグルジアの旗を持って町の中央広場に行きました。美しい思い出です。

父さんはすぐに新しい時代を理解しました。わたしがまだ七歳のとき、英語を習わせはじめました。英語のおかげでわたしは博物館に就職できました。英語ができるのは、わたしともうひとりの女性だけです。そのため、わたしたちが最も多くの見学者のグループを担当していますが、スターリンをこよなく愛する女性たちは座って、自分たち用に次から次へとコーヒーを淹れています。その後もらえるお給料は同じですけど、文句は言いません。いちばん重要なのは、仕事があるということです。

わたしの息子はロシア語をひとことも知りません。幼稚園から英語を習っています。これはもうまったく別の世代です。スターリン？　まったくの抽象概念ですよ。

わたし個人がスターリンについてどう思うかですか？　ここゴリでは、親や祖父母が子供や孫を博物館に連れていって、彼について語って聞かせるという習わしがあります。わたしもうちの子を連れていきました。そして、アメリカの成功の手引書に書いてあるとおり、こう言いました。『彼の周囲はあなたよりもずっとひどかった。父は酒飲み、家は崩れかけ、友だちは不良だった。でも彼は一生懸命、勉強した。そのおかげで何年も後に全世界を支配したの。あなたも勉強すれば、たくさんのことが成し遂げられるのよ』」

アナ・トカブラゼ「わたしたちはポーランド分割をボイコットしています」

「こちらが彼のお気に入りの煙草です。こちらは母親がくれた時計です。彼は善き息子でした。優しい夫でした。愛情深い父親でした。自分の部下を我が子のように気にかけていました。

今日、彼は悪人だったと言われています。でも博物館の所蔵資料には、彼が夏にリンゴの木を植えている写真が数枚あります。悪人というのは木を植えるよりも、だれかを殴ったり殺したりしたいものではないでしょうか。あなたの考えでは、彼は数百万人を殺したと。しかしそれにはいかなる証拠もありません。すべての書類を捏造したのはベリヤです。スターリンが犯したたったひとつの過ち、それは善良すぎたことです。あまりにも人を信頼しすぎたのです。

このすべてを観光客に言うことはできません。管理部がガイドツアーのシナリオを作成していますから。その中身とは何か？　すでに申し上げたとおり。彼は善き息子で、優しい夫でした。あと、ファシズムに勝利したと言うこともできます。でもそれ以上は――何もなし。殺人？　そろそろあなたにうんざりしてきました。ここには、もし観光客が本当にわたしたちを怒らせたときには、その人と一緒に館外に出て口論してもいいという不文律があります。でもいまわたしたちは館内にいるので、シナリオどおりにしなくてはなりません。

　ここではリッベントロップ＝モロトフ協定〔一九三九年にドイツとソヴィエト連邦が締結した独ソ不可侵条約〕に関するパネルさえ掲げられました。無論、掲げられたからには、それは偽りのものです。なにしろポーランドにとって、それは実際にはよい協定ではなかったのですから。しかしそれはソ連に再軍備のための数年の猶予を与えました。そしてひとえにそのおかげでファシズムは打ち負かされたのです。ところがわたしたちはいわゆるポーランド分割について話をすることになっています。ですからこのパネルは飛ばします。これはわたしたちの無言のボイコットです。

　正直に言います。ポーランド人についてどう思うべきかはわかりません。一方では、ここでロシアとの戦争があったとき、あなたがたポーランド人にとても助けられました。衣服や食べ物を積んだトラックが毎日ここにやって来ました。

　しかし、あなたがたほど執拗にからんでくる人たちもいません。だれもがここに来ると、好奇心を持って耳を傾けますが、ポーランド人はわたしに向かって怒鳴ります。まるでわたしがスターリンその人で、わたしがみずからあなたがたのポーランドを分割したかのように。そしていま、ポーランドはスターリン博物館を〈共産主義との戦い博物館〉に改築するのを手伝うと言っている。もしそれが本当なら、ゴリ全体が停止するでしょう。だってここには我らがスターリン以外に何もないのですから」

Ⅸ　踊る熊たち

人間を目にすると――後ろ足で立ち上がって左から右へと体を揺らしはじめる。
　　まるで乞うかのように――かつてのように――
　パンを、飴を、一口のビールを、愛撫を、痛みからの解放を。
もうずいぶん前からだれひとり彼らに与えていない痛みからの。

ギリシャ――資本主義を一掃しよう

なぜなら政府は我々の給与を削減するくせに、自分たちの給与は削減しないから。

なぜならドイツがギリシャを自分たちの分農場にしてしまったから。ドイツはここで数十億ユーロも稼いでおきながら、さらに我々を批判している。

なぜなら我々が民主主義を考え出したのは、だれかが我々の背後でこっそり物事を決定するためではなかったから。

なぜなら資本主義は役立たずだから。我々はそれを一掃する雪崩を起こした。

二〇一〇年三月、ここ数週間、アテネ中心部はひっきりなしにデモ隊に占拠されている。教師、看護師、造船労働者、鉄道運転士、アナキスト。店主らがガソリンスタンドの従業員らと肩を並べる。ネクタイを締めた人たちがスキンヘッドのパンクの若者らと頭を並べる。「支出を抑える代わりに、だれもが喜んで通りに出たんだ」ギリシャで貿易会社を経営しているポーランド人のヤツェクは驚いて言う。「ギリシャという名の舟は沈みかけている。政府はそれを救おうとして、付加価値税とガソリン価格を上げ、国家機関の賃金とボーナスをカットした。だがギリシャ人は協力する代わりにゼネストをしている。そしてさらに数百万ユーロが失われる」

「それはなぜです？」私はしつこく尋ねる。

「南方気質なのかな。アイルランドの人たちは素直に倹約を始めて、なんとか無事に回復しつつある。だがギリシャ人は？　頑固だからね。ある工場で従業員のコーヒーブレイクをなくしたら、破産してしまった。そういう性質なんですよ。それはそうと、なぜあなたは僕と話すんです？　ギリシャ人に訊けばいいじゃないですか。アテネでは至るところで抗議行動をしてますよ」

月曜日、ホテル経営者は歩道に頭をぶつける

アクロポリスの麓の小さなホテルのオーナー、コスタスは最近ほとんど寝ていない。

「これまでテレビのニュースなんか見たことなかった。クソッ、こいつは何て中毒性があるんだ」と言いながら、その日四杯目のコーヒーに砂糖を混ぜる。「だれかがこれを飲むのを禁じたら——私だってストライキをする。でも禁じられてはいない。テレビの話に戻ると、いちばん引きつけられるのは、

あの下の黄色い帯のテロップだ。『鉄道員は撤回した』。『検査官は固辞した』。『医師は発表した』。『船員は延期した』。何だって？　何がどうなってるんだ⁉　ストライキだって！　お客たちに訊かれるのはそのことばかり。どのお客も、いまじゃドイツに盗まれた黄金と同じ重みがある」

盗まれた黄金についてドイツを咎めたのは、ギリシャ政府の副首相セオドロス・パンガロスである。なぜならドイツがギリシャの財政管理の失敗を批判したからだ。「だれもが感情を吐き出している」コスタスは納得したようにうなずく。私たちは彼の小さなホテルの夏の庭に腰を下ろしている。ちょうど杏の花が咲きはじめたところだ。「ドイツからここに来たある女性はこう言う。『ギリシャが危機に瀕しているのは、あなたがたが怠惰でいんちきをするせいよ』と。私自身、彼女にこう言ってやりたかった。第二次大戦中あんたがたに盗まれていなければ、我々は今日ドイツ人のように暮らしていただろう、って。でも黙っていた。ドイツ人を侮辱することはできない。彼らはここにあまりにも大勢やって来るが、一カ月後どうなるかはだれにもわからない。お客だってテレビのニュースは見ている。そしてギリシャに関するニュースが何もなければ、バカンスに関する電話が毎日二十本ずつ、メールでの問い合わせはその二倍来る。でも、どこかのガキどもがタイヤを燃やす映像を見せるだけで——電話は二、三本、メールはせいぜい八通に減る。私はどうすればいい？　どう抗議すればいいのか？　ホテルの前に出て、歩道に頭をぶつける？　ほかに思いつかない。我々はこの危機でひどい目に遭っている。ギリシャ人の五人に一人は観光で生計を立てている。もし今年お客が来なければ、秋には我々みんな路頭に迷うだろう」

火曜日、ブロガー対ドライバー

シンタグマ広場では陽気な宿無しの犬たちがオレンジの木々の周りをうろついている。中央には形の整った噴水がある。角には――マクドナルド。反対側では――ポンポン付きのゲートルを履いた衛兵たちが無名戦士の墓を見張っている。その上に国会議事堂がそびえている。

「ここはスリが多いのよ」脱色したブロンドで四十代手前、外国資本の銀行で働くマリアは軽蔑して下唇を突き出す。「だからわたしたちはこの茶番劇を占拠しているの」

三月初めのゼネストの最中、十万人以上がここを通った。だが政府は、ストライキの分を国から支払われる給与から差し引くと通告した。だれも日給から差し引かれたくはない。それで労働組合は、小規模な産業別抗議行動を組織することに決めた。「その方がいい」とマリアは言う。「仕事を終えて、シャワーを浴びて、ここに来るとちょうど渋滞のピークに当たる。わたしは民間銀行で働いてるから抗議行動はあり得ない。もしも上司がシンタグマ広場でわたしを見かけたら、ずいぶん問題になるでしょうね。ほかの人たちも同じ状況だから、わたしたちはギリシャのブロガーとして抗議したってわけ」

「その銀行で君は何をしているの？」

「十万ユーロ以上持っている顧客にアドバイスする仕事よ」「君は、もしいま十万ユーロ持ってたら、どうする？」「ギリシャから逃げるかな。ここではまだ今後さまざまなおかしなことが起きるでしょう。でもいまのところ、わたしたちはインターネットで呼びかけて、政府が正教会と造船業者に課税するよう要求しています。ギリシャで最も多くの土地を持っているのは正教会だって、知ってます？　そのうえ、それに一ユーロも税金を支払っていないことは？　船主も同じ、つまり実際には最も裕福なギリシャ人たち」「君たちはそれにも抗議しているの？」

「ええ。それとガソリンの値上げに対しても——一リットル当たり一ユーロからいきなり一・五ユーロに上がったの。それと政府の政策に対しても抗議しています。政府はまずい政策決定の結果を市民になすりつけている。わたしの給与は減額されない。でも高騰するガソリン価格はパン一枚やソーセージ一本ごとの価格に影響します」

ブロガーたちの抗議行動にはわずか数十人しか集まらなかった。にもかかわらずマリアは有頂天だ。

「草の根の取り組みとしては——まずまずじゃないかな」

それほど喜んでもいないのは、シンタグマ広場を通る仕事帰りのドライバーたちだ。「我らと共に歩もう！　燃料は高すぎる！」と抗議者たちは叫ぶが、ハンドルの後ろから聞こえてくるのは罵詈雑言ばかりだ。

「マリア、だってギリシャは倹約すべきなんだろ！」私はクラクションより大きな声を張り上げようとする。

「典型的なプロパガンダね」マリアは鼻を鳴らし、またもや下唇を突き出す。「メリナと話すといいわ。彼女はもう十年前から倹約してきた」

メリナは三十歳を少し過ぎたところ。生物の先生だ。一校だけでなく、三校で教えている。「ある高校では常勤の半分、もう一校では四分の一、三つ目の学校では八分の一です。なぜどこでも常勤で教えていないのかって？　もう十年近くこの仕事をしているけれど、だれひとりわたしに常勤職をもちかけてくれたことがないからよ！」

「なぜです？」

「ギリシャの国家機関における常勤職とは宝くじに当たるようなものなの。十三カ月目、十四カ月目の特別給与が出たら、解雇されることはない。でもつねに仕事の口より希望者の方が多い。だからだれかのコネを持つか、あるいはもっといいのは――袖の下を使うしかない。こうしていると、たとえ十年働いても、退職後の蓄えなんてほとんど貯まらない。でもＥＵにとっては、雇用が増えていないせいで、大層ご立派に見えるのよ」

看護師不足

アテネ郊外の大病院の看護師ヨルゴスが、退職後のために貯蓄を始めたのはつい二年前だ。

「十二年働いた後で、ですよ」彼は強調する。「なぜならギリシャでは約三千人の医療スタッフが不足しているのに、だれもそんなこと気にしちゃいないから。そのうえ、いま政府は賃金を削減していて、だれも雇いたがらない。我々の代表団が保健大臣のところへ行ったけれど、大臣女史は我々と話をしようともしなかった。ちょうど病院の庭師の代表団を迎えていたからね」

「しかし専門家によると、ギリシャの国家機関で働く人が多すぎるそうだけど」

「そういう専門家は私が夜勤のときに来てみるといい。救急病棟にいるのは医師ふたりと私。そして一晩で我々が担当するのは、事故に遭った二名、これは直ちに救命しなくてはならない、自分がサタンであるという幻覚のある麻薬中毒者、これは私がなだめる必要がある、心筋梗塞の患者、それと数名の骨折患者には私が直ちに鎮痛剤を与える、なぜなら数時間待つ羽目になるから。そのうえ病床の半分は空いてるのに使えず、機材もすべて使えるわけじゃない。なぜか？　経費削減ですよ。それに病院はしばしば検査を民間病院に委託する。そうすると会計上は別勘定にできて、ＥＵ向けの報告書で見映えがよくなるから。費用が二倍になるって？　そんなことだれも気にしやしません。我々が経費削減しているといって、ドイツは満足している。それが今日いちばん重要なんだ」

水曜日、造船労働者対ドイツ

「ドイツの鼻を明かしてやるべきだ。そのために我々はここにいる！」オモニア広場を占拠中のヤニスは言う。

オモニア広場はアテネの心臓部だ。最も重要な複数の道路と地下鉄路線がここで交差する。アクロポリスもシンタグマ広場も、ここからすぐだ。

だが不法移民がこの地区を占拠して以来、ここに立ち入る地元のギリシャ人は次第に少なくなっている。昼間は黒人男性が辺りを歩き回って、偽ブランド品のハンドバッグや腕時計を売ったり、スープをもらうため長い列に並んだりしている。夜はナイジェリアから来た売春婦たちが大声で客を呼ぶ。ピレウスの造船労働者たちによる抗議は、ここではちょっと別世界のもののように見える。

ヤニスは五十五歳、造船所で電気技師として働いている。ヴァウェンサ〔レフ・ワレサ（一九四三―）、ポーランドの元大統領。グダニスク造船所の電気技師だったとき、自主管理労組〈連帯〉を創設〕について聞いたことはある、それもいかばかりか。「彼は我々ギリシャ人にとっての模範です。独裁と闘うすべてのギリシャ人にとって。ただし彼が闘った相手は共産主義の独裁で、我々が闘っているのは資本主義の独裁だけれども」

こうした類似はそれほど明らかなものではまったくない、と私は言いたかった。しかしヤニスをさえぎることは難しかった。彼は続いて反ドイツ的批判にはまり込んだ。「彼らはギリシャを植民地にした。アフリカでそうしたみたいに。ＥＵ全体が植民地化だ。一年前、大きなスキャンダルがあった。シーメンスがギリシャの公務員に贈賄し、そのおかげで入札に勝ったことが判明したんだ。ドイツは我々に経済を変える方法を教えてくれるが、あらゆる抜け道を利用して最も利益を得ているのは彼ら自身だ。我々は大金をはたいて彼らから潜水艦を買った」

「それで？」

「そしたら壊れてるのさ！　左に曲がっちまう。我々はそれを酔いどれ船と呼んでいる。私が働いている造船所もドイツが買った。奴らは生産を拡大するつもりだったから安く買ったんだ。それがどうだ？　生産は拡大せずに、今度は我々をアラブ人に売り渡すんだと。儲けともども。アラブ人が我々をどうするのか、考えたくもないね。我々の首相はメルケルのところに行ったって、造船所のことなんかひとことも話さないだろう」

「すると、あなたがたの問題に責任があるのはドイツ人なんですか？」

「あんたがわかってくれたらなあ！　彼らがギリシャにユーロを導入したのは、ここで安く休暇を過ごすためなんだよ」

「あなたがたはEUから多くの援助を受けましたよね」

「だってドイツ人が休暇で来るとなったら、何もかもドイツみたいでなきゃいけないからさ。彼らは高速道路を建設し、歴史的記念物を修復してくれた。ここを第二のドイツにしたかったんだ。でもそれはうまくいかない。あんた、ドイツ人とは何者か知ってるか？」

私は知っていると思ったけれど、言わないでおくことにした。「ドイツ人はロボットだ。六時に起きて、仕事に行き、カレンダーに従って、週に一度酔っ払う。あんた、ギリシャ人とは何者か、知ってるか？　ギリシャ人は遊び好きで、友だちで、家族だ。私はいつも仕事が終わると友だちと会う。座って、しゃべって、互いに訪ね合う。だがドイツ人は、新聞で読んだんだが、隣の家にも行かないそうだ。私がドイツ人になりたければ、髪をブロンドに染めて、六時に起きるようになるだろう。でも嫌だね。だから、どうかついに彼らが我々と我々の経済から手を引いてくれますように！」

レシートが必要

「ドイツ式資本主義は私たちギリシャではすでに終わった。しかしそこからすべての危機が始まったんです」ある通信社の記者、ルカスは言う。「以前は、一日五回もどこかの銀行から電話がかかってきたんですよ。クレジットだの、ローンだの、いかがですかって。そんなの普通じゃない。だがいまは？電話はまったくかかってこない。彼らは人々が財布に打撃を受けたことを知っているんです。私は国の通信社で働いているので、給与が二五パーセント減らされました。私の妻は――民間の新聞に勤めていますが――やはり給与をカットされました。多くの雇用主はこの機に乗じて、従業員を解雇したり、給与を削減したりしています。今年のバカンスは無理ですね。残念だな。ちょうど子供たちが手を離れたから夫婦でタイに行きかったんだけど。

政府は、どこでも領収書か請求書をもらうよう国民に呼びかけています。計算によると、我が国の非公式経済は国家予算の五〇パーセントにも及ぶ。ギリシャは金持ち国民の貧しい国と呼ばれています。

領収書については問題ありません。タクシー運転手と医師は最初ちょっと怒っていたけれど。私はこのすべての変化を支持します。ほかに解決方法はありません。しかし先週、自分がいかにもギリシャ人だなと思うことがありました。うちの玄関の錠が壊れたので、妻と私は盗難防止用のいいやつを買うことにしたんです。錠前工がやって来て言うには、錠前の値段は百ユーロ、もし保証をつけたければあなたがたは領収書を受け取る必要がある。取り付け作業は別料金で百ユーロ――もしも領収書が要らなければ。領収書付きなら百二十になります、と。

もちろん領収書なしでお願いしましたよ。修理工場でも、歯医者でも、ガソリンスタンドでも同様です。最近、政府はこんなアイデアを思いつきました。税務調査官が国民の鞄を調べて、もし買った物が入っていたら――レシートを提示するよう求めることができる。仮にレシートがなかった場合は、買い手も売り手も罰せられるというのです。

これはちょっと行き過ぎだと思います。給与カットと同じく。ここ数年、我々はお金を食いつぶす一方だったので、いまは経費削減しなくちゃいけないというのはわかります。でもこうした削減は大きすぎる。そして政府が実際に何を企んでいるのかは七月になればわかります。そのとき、ここは四十度の猛暑になるので、彼らが何をしようと——だれひとり抗議する気力はないでしょう」

木曜日、店主対ユーロ

売り手の目からはどう見えます？　私はヨルゴス・ブルブリス、愛称ユレクに尋ねる。ブルブリスは、サッカー元ポーランド代表監督カジミェシュ・グルスキがギリシャのサッカークラブのいくつかで大成功を収めたとき、彼のアシスタントだった。現在はポーランド食料品店三店舗のオーナーである。ユレクの店では〈ウォムジャ〉ビールが一ユーロ。ラズベリーシロップ——二・三五ユーロ。〈軍用〉グーラッシュ缶詰——三・四〇ユーロ、自家製ハム一キロ——七・二〇ユーロ。「でもポーランドがユーロ圏に入ったら、私は店を畳むよ。だってポーランドに競争力があるのは今のうちだけだからね。ギリシャ人でさえ私の店でポーランドのソーセージを買うのは、ギリシャのよりもうまくて安いからさ。レシートはもちろん全員が受け取る、例外なくね」

「それは結構、でも、そもそもどうしてギリシャ人がポーランド食料品店を経営することになったのですか？」

「戦争中ギリシャでは、ポーランドと同じく、国内軍と人民軍がファシズムと戦った。ポーランドでは人民軍が勝ったが、ギリシャでは国内軍が勝った。共産主義者側にいた人たちは、私の父もそうだったが、迫害された。父はギリシャから逃げ出し、ポーランドにたどり着いた。そこで母と出会った。そしてそこで私と弟が生まれたというわけ」

ユレクの家族がギリシャに戻ったのは一九七四年、軍事独裁政権の崩壊直後だった。「私たちは帰国第一陣のうちの一家族だった。父さんはほかのところに住みたいとは思わなかった。この国を愛していた。私がこれを理解したのは、それよりずっとあとのことで、自分自身が移住先から戻ってきたときだった――二十年間、アメリカに住んでいたんだ。ここには、いい空気とうまい食べ物があり、いい人たちがいる。天国だよ！　ともかく、うちのお得意さんたちを見てくれ。彼らは十五年前ここにやって来て、帰国したいとは全然思ってない」

お得意さんとはポーランド人のロベルト、グジェシェク、ズジフのことだ。三人は〈ウォムジャ〉ビールを飲みながら、ギリシャを手放しで褒めたたえる。

「ここじゃビールを一杯引っかけて車を運転したって、警察はにっこり笑うだけだ。人間的な対応をしてくれる」ロベルトは言う。「ところがポーランドじゃ、刑務所に行けるぞ、と来たもんだ。なんでそんなとこへ戻るもんかね？」

「ただ、ここで俺たちがビールを飲んでるだけとは書かないでくれよ。もしそうなら、だれも腰を落ち着けて仕事なんかしてなかった。俺たちはここに十年以上いるが、注文はずっと途切れない。どんな調子かって？　現在、俺たちはもうＥＵに加盟しているから、実に順調だ。合法的に働けるし、だれも儀式ばったことはしない。なにしろ加盟前は、警察がよく建設現場にガサ入れしてたんだ。非合法に働いているかどうかでだれかが捕まったら、すぐに賄賂が必要だった。さもないと――本国送還だ」

「それに合法的に仕事を受けるにも、賄賂をつかませる必要があった」

「それとあのＮＩＰ〔納税者番号〕をこしらえるにも」

「それと医者に行くにもね」

「もうわかったろう、ギリシャのこの危機がどこから来たか」ユレクが訊く。「だれもが自分の取り分を欲しがりすぎたのさ。私はまだ自分の肌では感じてないが。でも、すでにお客はハムを数百グラム単位で買うのをやめて、スライスしたのを買うようになってきてる」

金曜日、極左対国家

エクサルヒアは、アナキスト、共産主義者、トロツキスト、オルターグローバリスト、環境保護活動家たちの地区だ。ここでグラフィティのない壁をほんの少しでも見つけることは難しい。あちこちのカフェでは政治青年たちが昼夜、世界をいかに変えるかについて議論を戦わせている。

警察はここには立ち入らない。警察を目にするや、ここでは石が飛んでくる。週末エクサルヒアの境界に立つのはプラスティック製防護盾を持った警察機動隊だけだ。突然カフェのテーブルにいる全員がくしゃみを始めることがある。「催涙ガスです。どこかで我々の仲間が犬と一緒に追いかけられているんでしょう」とウェイターが説明し、ウェットティッシュを持ってきてくれる。

だから私は胃の縮む思いでエクサルヒアに行く。工科大学横の居心地のいい広場から始める。

「エクサルヒア？　ギリシャ全体を――そしてうまくいけば――全世界を変える変化がここで始まります」建築学科の学生、マリアは興奮して言う。「ひとつの政府がすでにここで崩壊しました――軍事政権が。一九七三年十一月十七日、うちの工科大学の学生がストライキを宣言しました。独裁体制にうんざりしていたアテネ市民もそこに加わりはじめました。大佐たちはおびえ、大学構内に戦車を送り込んだ。二十四人が死亡しました。しかしこうして変化が始まり、そのおかげで一年後、わたしたちは軍事政権ではなく、民主的に選ばれた政府を持つことになったのです。エクサルヒアが二度目に蜂起したのは二〇〇九年です。——最も優れた首脳部もこれは予期していませんでした」と言ってマリアはうなずく。「きっかけは、警官に向かって生意気な口をきいたアレクサンドロスという若者が、警官らによって射殺されたことです。エクサルヒアは沸き立ちました。そのあとすぐギリシャ全土が沸き立ちました。人々は警察と殴り合い、連日、暴動、催涙ガス、デモがありました。ギリシャ全国で数カ所の警察署が燃やされました」

　これは一九七三年以来、最大の暴動だった。

　クリストスは近くの高校の教師だ。「僕はここで若者たち相手に十五年間働いています。こういうことがいずれ起きるだろうと思っていました。子供たちは何時間も本を読んで過ごします。学校を終えると、そのあとは大学に進む。自分のかつての生徒たちに、夢は何かと訊くと、国家機関で働くことだと言うんです。二十歳の若者の野心が役所勤めというのは普通ですか⁉　月給千ユーロですよ？　でもギリシャではそうなんです。なぜなら僕たちは何も生産していないから。国のために働くか、観光で稼ぐしかない」

「しかしそれが暴動とどう関係するんです？」私は尋ねる。

「仕事は選ばれた少数の人たちだけのものなんです。コネがなくちゃいけないし、さらに賄賂を渡す必要もある。そうなれば、この世の楽園ですよ。十三カ月目、十四カ月目の特別給与が出て、解雇されることはない。しかし大部分の学生にとってギリシャに未来はありません」

私は、若い建築家たちはどうなのかとマリアに尋ねる。「国有企業が二社あって、その二社は市場から最も才能ある、あるいは最も好条件の——つまり、父親または母親が建築業界にいた人——を集めています。そのほかに民間企業が数社あります。でも民間企業は滅多に人を雇わない。選択肢ですか？　大学を卒業したら、国外に出るか、自分の可能性よりも低い仕事を見つけるか。ガソリンスタンドとか、オフィスで。運がよければ観光業ね。わたしはいま三年生だけど、もういまから、ある旅行代理店のインターンシップで駆けずり回ってる。イスラエルから観光客を呼んでいる会社なの」マリアは私をエクサルヒアの中心に連れていく。かつては居心地のよかった広場も、いまや尿の悪臭を放っている。「ハッシュ？　コカ？　もっとハードなやつ？」広場の入口でアフリカからの移民が尋ねる。いや結構。拒否しなかった人たちが広場を歩き回っている。だれかがジョイントを吸っている。仲間が静脈に針を刺すのをだれかが手伝っている。「残念ながら、この場所はどんどん汚らしくなっています」マリアは言う。「市は故意に、ここで人々に麻薬を使わせています。外国からジャーナリストが来たら、何が見えます？　麻薬中毒者、小便だらけの芝生、グラフィティ。でもエクサルヒアは実際まったく別のものです。資本主義には同意しません。出世競争《ラットレース》には。わたしたちはここで勝利するまで闘い続けます」

「でも具体的に何と闘うんだ？　危機と？」私はしつこく尋ねる。マリアは片手を振って答える。「危機なんかどうってことない。これまで何度もあったし。わたしたちが闘う相手は資本主義。人々に見せてやるの、幸せになるには、立派な家も、ペットの大蛇も、ヘリコプターも要らないんだってことを」

「つまり何を変えたいんだい？」

「つまり、資本主義を一掃するの。その後はさてどうなるかな。あなたにもいずれわかる——わたしたちがここで起こした雪崩が全世界に広がっていくのが」

謝辞

本書は数十人、おそらく百人を下らない人たちの助けなくしては出版できなかったでしょう。ここではそのうち、より重要な方々のみ、お名前を挙げます。とりわけ、この仕事を手伝ってくれた方々。私が執筆を始めてから、私を信じて、アドバイスと友情で私を支えてくれた方々。また、私に書くよう勧めてくれた方々です。

アゴラ出版社、マリウシュ・ブルハルト、〈四つ足《フォー・ポーズ》〉財団、ヤドヴィガ・ドンブロフスカ、マグダレーナ・デンボフスカ、〈ドゥジィ・フォルマト〉編集部の皆さん、アンナ・ジェヴィト＝メレル、グジェゴシュ・ガウデン、パヴェウ・ゴジリンスキ、ドロタ・グルニャク＝クルモヴァ、ズビグニェフ・ヤンコフスキ、イザベラ・カルタ、クラシミル・クルモフ、マルチン・メレル、イザベラ・メイザ、ヴウォジミェシュ・ノヴァク、アグニェシカ・ラシンスカ＝ブブル、パウリーナ・レイテル、ジョン・シチリアーノ、マウゴジャータ・スコヴロンスカ、マリウシュ・シュチギェウ、マリウシュ・トカチク、エヴァ・ヴィェチョレク、エヴァ・ヴォイチェホフスカ、アルベルト・ザヴァダ、ヨアンナ・ズガザイ。

皆さんに心より感謝いたします。

もちろん、本書の主人公たちには大いに感謝しています。ブルガリアの熊の飼育係から、スターリン博物館の監視員、旧ソヴィエト国境の車の密輸業者まで。彼らは私のために時間を割き、私を信頼して、己の人生の物語を私に語ってくれました。ありがとう。

訳者あとがき

『踊る熊たち』と聞いて訳者がまず思い浮かべたのは、ポーランドの山岳保養地ザコパネのクルプフキ通りでは熊を連れた熊使いが「熊と一緒に写真を撮りませんか」と観光客に声をかけてくるだとか、ロシアやトルコのバザールで熊使いが連れ歩いている熊にカメラを向けると法外な金を要求されるので注意しましょうだとか、そんな断片的なエピソードだった。しかし実際にポーランドの町なかで本物の熊使いを見たことは一度もない。おそらく一九九〇年代には、すでにいなくなっていたのだろう。あの熊たちはその後どうなったのか？　そんな興味でこの本を読みはじめた。

本書の第一部では、ブルガリアの熊使いの終焉が描かれる。二〇〇七年六月、ヨーロッパ最後の踊る熊三頭が、ロマの一家から動物保護団体に引き取られた。長年伝統として受け継いできた熊使いという職業が、突然よそ者から動物虐待であると認定され、禁止されたのである。著者は、熊を失った熊使いとその家族、オーストリアの動物保護団体が運営する〈踊る熊〉園の職員たち、どちらか一方に肩入れすることなく、双方の言い分にじっくり耳を傾ける。そして、囚われの身から解放され、自由になったはずの熊たちが、そのままでは野生で生き延びられないことを知る。〈踊る熊〉園の近くの住民たちは、自分たちの生活がかつかつだというのに、熊の生活が外国からの寄付で賄われているのが気に入らず、熊たちに嫉妬する。ようやく共産主義体制が終わって、自分たちも自由になったはずなのに、その恩恵が肌で感じられないのだ。

第二部では、共産主義体制崩壊後、急速に変化する九カ国で、その変化に取り残されたり翻弄されたりして苦悩する弱い立場の人々や、その変化を利用して何か新しいことを始めようとする意欲的な人たちをレポートする。著者はフットワークも軽く、キューバやアルバニアや独立直後のコソボなどに乗り込み、一般の人たちの意見をじかに聞く。危険と言われる国でいきなりヒッチハイクをしたり、自分の車に地元の人たちを乗せてあげたり、障害を持つホームレスの女性に付き合ったり、国境越えをする中古車密輸業者の車に同乗させてもらったりと、冒険的な体当たり取材も多い。驚くべきは、老若男女さまざまな立場の人が、自分の意見を腹蔵なく率直に述べているところだ。インタビュアーをよほど信頼しないかぎり、よそ者に対してここまで本音を明かさないのではないか。もちろん著者は時間をかけて入念な準備をしているのだが、彼の誠実な人柄、だれとでも友達になれる気取りのなさ、予断や偏見のない公平な眼差しがあってこそ、なし得たルポルタージュと言えるだろう。

著者ヴィトルト・シャブウォフスキは一九八〇年、ポーランド北東部の町オストルフ・マゾヴィェツカ生まれ。ワルシャワ大学ジャーナリズム政治学科を卒業後、イスタンブールのマルマラ大学で政治学を学び、トルコ滞在中に有料テレビニュースチャンネルＣＮＮテュルクのインターンとしてトルコ中をレポートして回った。故国ポーランドに戻ると、民間テレビニュースチャンネルＴＶＮ《テーファウエヌ》24でジャーナリストとしてのキャリアを開始。二〇〇六年、二十五歳のとき、ポーランドの全国日刊紙〈ガゼタ・ヴィボルチャ〉の週刊付録〈ドゥジィ・フォルマト〉［「大判」の意］のチームに最年少レポーターとして加わり、二〇一六年まで世界各地を精力的に取材・執筆した。本書『踊る熊たち』はこの時期、六年間にわたって書かれた記事をまとめたものである。二〇一八年以降はテレビ番組「おはようＴＶＮ」の編集局に関与している。二〇一九年四月からはラジオNewonceで、旅をテーマにした自身の番組を担当している。

ヴィトルト・シャブヴォフスキの著作と主な受賞歴は次のとおり。

二〇〇八年、名誉殺人の犠牲となったトルコの女性たちに関する記事が、アムネスティ・インターナショナルのコンクールで入選。

二〇〇八年、トルコからの一連のレポートが、メルヒオル・ヴァンコヴィチ賞インスピレーション・オブ・ザ・イヤー受賞。

二〇一〇年、初の著書 *Zabójca z miasta moreli. Reportaże z Turcji*（『杏の町から来た殺人者、トルコからのルポルタージュ』）を上梓。ローマ教皇ヨハネ・パウロ二世の暗殺未遂事件を起こしたトルコ人メフメト・アリ・アジャに関する表題作をはじめ、一連のトルコからの報告をまとめたもの。シャブヴォフスキはポーランド人として初めてアリ・アジャの家族に接触することができた。同書は二〇一一年にベアタ・パヴラク記念賞を受賞、ニケ文学賞とアンゲルス中欧文学賞にノミネートされた。また、同書の英語版（アントニア・ロイド＝ジョーンズ訳）が二〇一四年に英国ペンクラブ賞を受賞。

二〇一〇年、ＥＵに殺到する不法移民を扱った記事 *Dziś przypłyną tu dwa trupy*（「今日は二体の死体がここに流れ着く」）が欧州議会ジャーナリズム賞を受賞。

二〇一二年、アルバニア人のＥＵ諸国への移住に関する記事で、アンナ・リンド記念賞審査員特別賞を受賞。このルポルタージュを書くために、自身で不法に国境を越えたという。

二〇一二年、実生活でのパートナー、イザベラ・メイザとの共著 *Nasz mały PRL. Pół roku w M-3 z trwałą, wąsami i maluchem*（『私たちの小さなポーランド人民共和国、パーマと口髭とフィアット１２６ｐと３Ｋアパートでの半年間』）を上梓。一九八一年の戒厳令下の生活を体験するため、二〇一一年七月、ヴィトルトとイザベラは幼い娘ともども団地に引っ越し、インターネットと携帯電話なしで実際に半年間過ごした。原稿はタイプライターで打ったそうだ。

二〇一三年、ウクライナ蜂起軍が一九四三年にヴォルィーニで行った大虐殺に関するルポルタージュ*Dom pełen Ukraińców*（「ウクライナ人でいっぱいの家」）で、リシャルト・カプシチンスキ記念PAP賞を受賞。

二〇一四年、*Tańczące niedźwiedzie*（本書）を出版。二〇一九年に刊行された英語版（アントニア・ロイド＝ジョーンズ訳）はアメリカのメディアで高い評価を受け、エドワード・スタンフォード・トラベル・ライティング賞にノミネートされた。

二〇一六年、ヴォルィーニでポーランド人を救ったウクライナ人に関するルポルタージュ*Sprawiedliwi zdrajcy. Sąsiedzi z Wołynia*（『正義の裏切り者、ヴォルィーニの隣人たち』）を刊行。同書はテレサ・トランスカ記念ニューズウィーク賞を受賞した。

二〇一八年、『杏の町から来た殺人者』が*Merhaba*（『マルハバ』）と改題されて、新版刊行。

二〇一九年、最新作*Jak nakarmić dyktatora*（『独裁者の料理人』）とその英語版がポーランドとアメリカで刊行された。

本書『踊る熊たち』で著者は、共産主義体制崩壊後の変革に右往左往する人たちを、突然与えられた自由にうまく対処できない熊たちになぞらえて書いている。古い価値観と新しい価値観がぶつかるところでは、どこかに歪みができ、その皺寄せはつねにマイノリティや経済的弱者にいく。そこでシャブウォフスキは、どちらが悪いと糾弾するのではなく、どちらの言い分も丁寧にすくい取り、簡潔な言葉で伝える。このように言葉を切り詰める手法は、ＴＶＮ24の特派員だったときに学んだそうだ。また、重要なルポルタージュを書く前には、ポーランドの現代詩人エヴァ・リプスカの詩を読むという。自分の人生で最も重要な本は、チェコのヤロスラフ・ハシェクのユーモア小説『兵士シュヴェイクの冒険』だと考えている。なぜなら、この本によって「ポーランドの悲壮感が世界を語る唯一の方法ではないことを学んだ。おそろしく悲惨なことを書いているときでも、せめて少しでも光が差し込むようにしようと努めている。でないと書けない」と述べている。

シャブウォフスキは、東西ヨーロッパの狭間に位置するカトリック教国ポーランドから、ヨーロッパとアジアの境界に位置するイスラム教国トルコに留学し、あちこちの町や村を自分の足で歩き回り、宗教や文化や言語の違う幅広い階層の人々とじかに接してきた。

近年ポーランドのルポルタージュ文学は盛況で、多くの作品が外国語に翻訳され、国外でも人気を博している。現代ジャーナリズムの代表的存在がリシャルト・カプシチンスキ（一九三二―二〇〇七）で、ロシアを描いた彼の『帝国』や、アフリカからのルポ『黒檀』は邦訳もある。シャブウォフスキは彼の名を冠したルポルタージュ文学の賞を二〇一三年に受賞している。現代ポーランドのジャーナリストたちは自分の専門地域を持っており、テーマを深く掘り下げることができる。ロシアについてはヤツェク・フゴ＝バデル、アフリカについてはヴォイチェフ・トフマンとヴォイチェフ・ヤギェルスキ、チェコについてはマリウシュ・シュチギエウ、トルコについてはシャブウォフスキというように。それぞれ現地の言語や事情に明るく、足で稼ぐのが強みだ。また、ポーランド国内のルポでは、虐殺や暴力の犠牲者とその遺族など、虐げられた人々の声を丹念に伝えるハンナ・クラルの仕事が高く評価されている。

〈ドゥジィ・フォルマト〉の同僚で先輩ジャーナリストのマリウシュ・シュチギエウは、シャブウォフスキをこう評している。「ヴィテク（ヴィトルトの愛称）はエゴン・エルヴィン・キシュ〔一八八五―一九四八。オーストリアのちにチェコスロバキアのジャーナリスト〕のような徘徊型のレポーターだ。一緒にプラハに取材に行ったとき、私とカメラマンが就寝してから、彼はひとりで朝四時まで街をさまよっていた。初めての街はひとりで歩いてみなくちゃいけないからと言って。ヴィテクはどんな言語でも、また、言語を知らなくても意思疎通ができるという信じがたい能力を持っている。彼は人が好きなんだ」

　そんなわけで、図らずも一九九二年から二〇一四年まで毎年ポーランドとその周辺国を歩き回ってきた訳者の体験が、著者の体験と重なるところがあり、翻訳の際かなり役立ったのではないかと思う。路上で知り合った失業者や年金生活者や物売りや子供たちとの付き合いのおかげで、本書に書かれた会話の雰囲気がよくわかるし、陸路での国境越えの経験が何度かあるので、国境検問所での疲労感や緊張感もわかるのだ。

　とはいえ、訳者はポーランドとウクライナ以外、本書に登場する国には行ったことがなく、言葉も知らない。シャブウォフスキさんのような特殊能力はない。そこで、外国語の固有名詞の発音表記については、白水社語学書編集部を通じ、それぞれ専門の研究者の方々からご教示いただいた。ブルガリア語は菅井健太さん、トルコ語は大川博さん、ドイツ語とスペイン語は編集部担当者の方、ウクライナ語は黒田龍之助さん、アルバニア語とセルビア語は山崎信一さん、エストニア語は佐久間淳一さん、グルジア語は児島康弘さん、ギリシャ語は木戸雅子さん。また、キューバ事情については久野量一さん、セルビア事情については中島由美さんに伺いました。大いに助かりました。ありがとうございました。

　白水社編集部の金子ちひろさんからは、細部にわたって丁寧な指摘をいただき、大変勉強になりました。心より感謝いたします。また、本書に関わるきっかけを与えてくれた小椋彩さんにも御礼申し上げます。

　実は本書で初めて現代ノンフィクションを訳すことになったのだが、これまで手がけてきた古典的文学作品とは勝手が違い、戸惑うことも多かった。著者と直接メールでやり取りするのも初めての経験だった。本文中の疑問点をメールで送付し、フェイスブックのメッセージでメールした旨を伝えると、シャブウォフスキさんはたいていポーランド国外にいて、「いまアルバニアにいるので帰国してから回答する」とか、「いまオランダにいるので来週○曜日に返信する」といったレスポンスがある。彼はフェイスブックで取材現地の協力者を求めることもある。リアルタイムでジャーナリストのいまの様子が追えるのはとても新鮮だった。
踊る熊たちのその後が気になる読者のために、ベリツァの〈踊る熊〉園のツイッターとインスタグラムの公式アカウントをお知らせしておきます。

ツイッター・アカウント　@BearsBelitsa

インスタグラム・アカウント　dancing_bears_park

シャブウォフスキさんは自著の翻訳版が出ると現地でプロモーションをすることが多く、昨年二〇二〇年二月には台湾の台北国際ブックフェアでサイン会をしていた。しかし三月以降はコロナ禍のため、アジアまで来てもらうこと自体、難しくなってしまった。ついでに訳者のポーランド滞在予定もキャンセルになった。いずれコロナ禍が治まって、また自由に渡航できるようになったら、シャブウォフスキさんにぜひ来日してもらい、思う存分、街をさまよってほしい。

二〇二一年一月

芝田文乃

訳者略歴

一九六四年神奈川県生まれ
筑波大学芸術専門学群卒業
ポーランド語翻訳者、写真家、エディトリアル・デザイナー
訳書にムロージェク『所長』『鰐の涙』（以上、未知谷）、グラビンスキ『動きの悪魔』『狂気の巡礼』『火の書』『不気味な物語』（以上、国書刊行会）、共訳書にレム『高い城・文学エッセイ』『短篇ベスト10』、コワコフスキ『ライロニア国物語』（以上、国書刊行会）など

踊る熊たち
冷戦後の体制転換にもがく人々

二〇二一年二月一五日　印刷
二〇二一年三月　五日　発行

著者　ヴィトルト・シャブウォフスキ
訳者 ©　芝《しば》田《た》文《あや》乃《の》
発行者　及川直志
印刷所　株式会社三陽社
発行所　株式会社白水社

東京都千代田区神田小川町三の二四
電話　営業部〇三（三二九一）七八一一
　　　編集部〇三（三二九一）七八二一
振替　〇〇一九〇-五-三三二二八
　　　郵便番号　一〇一-〇〇五二
www.hakusuisha.co.jp
乱丁・落丁本は、送料小社負担にてお取り替えいたします。

誠製本株式会社

ISBN978-4-560-09823-3

Printed in Japan

東欧革命1989　ソ連帝国の崩壊

ヴィクター・セベスチェン　　三浦元博・山崎博康 訳

ハンガリー出身のジャーナリストが20年をかけて関係者らの証言を収集し、公文書等を渉猟して描いた東欧革命の全貌。

鉄のカーテン（上・下）　東欧の壊滅1944-56

アン・アプルボーム　　山崎博康 訳

東独、ポーランド、ハンガリーにおいて、ソ連はいかに勢力圏を確立したのか？　『グラーグ』（ピュリツァー賞受賞作）の歴史家による決定版！

上海フリータクシー

野望と幻想を乗せて走る「新中国」の旅

フランク・ラングフィット　　園部 哲 訳

「話してくれたら運賃タダ」という奇抜なタクシーで都市と地方を行き来し、時代の重要な転換点にある中国を見つめた野心的ルポ。

エクス・リブリス
EXLIBRIS

ソロ　◆ラーナー・ダスグプタ　西田英恵 訳

ブルガリアの共産主義体制とその崩壊を目撃し、激動の20世紀を生き抜いた100歳の男の人生と夢。気鋭のインド系英国人作家による傑作長篇！

西欧の東　◆ミロスラフ・ペンコフ　藤井 光 訳

現在と過去、故郷と異国の間に横たわる、切なく、悲劇的で、可笑しい愛。ブルガリア出身の新鋭による鮮烈なデビュー短篇集。